让孩子受益一生的养育指南

朱世勇◎著

中国纺织出版社有限公司

图书在版编目（CIP）数据

让孩子受益一生的养育指南 / 朱世勇著. --北京：中国纺织出版社有限公司，2022.11
ISBN 978-7-5180-9923-8

Ⅰ.①让… Ⅱ.①朱… Ⅲ.①心理健康—家庭教育 Ⅳ.①G479②G78

中国版本图书馆CIP数据核字（2022）第187632号

策划编辑：向连英　　责任编辑：顾文卓
责任校对：高　涵　　责任印制：储志伟

中国纺织出版社有限公司出版发行
地址：北京市朝阳区百子湾东里A407号楼　邮政编码：100124
销售电话：010—67004422　传真：010—87155801
http://www.c-textilep.com
中国纺织出版社天猫旗舰店
官方微博 http://weibo.com/2119887771
三河市延风印装有限公司印刷　各地新华书店经销
2022年11月第1版第1次印刷
开本：710×1000　1/16　印张：13.5
字数：152千字　定价：49.80元

凡购本书，如有缺页、倒页、脱页，由本社图书营销中心调换

自 序

我是一名心理咨询师，也是一名亲子教育培训师，我的工作主要是解决亲子关系中遇到的各种问题，做大量的心理咨询的个案，开展亲子关系教育活动。扮演心理咨询师角色时，我看到的是每一位来访者童年时代的伤害和痛苦；扮演培训讲师时，我感受到的是父母对孩子具体问题束手无策的苦恼和困惑。生活中，我也是孩子的爸爸，当我变成爸爸角色时，感受到的是孩子作为一个生命其成长的巨大动力……多重的角色让我对家庭教育有了深刻的理解，多年以来，我一直走在家庭教育的最前沿，深刻体会到父母对于教育这件事的痛与乐。

孩子做作业拖拖拉拉、不按时吃饭、挑食、撒谎、爱哭闹、脾气暴躁、上课注意力不集中、不懂得感恩、缺乏责任心、早恋、手机电脑成瘾、不愿意出门、乱花钱、胆小、自私自利、赖床、厌学、顶撞父母、无理取闹、不自信……如果你的孩子也有这样的困惑和问题，或者你的孩子还很小，没出现过这些问题，这本书无论从如何培养，还是怎样改变，都会给你一个完整的思路和方法。

尤其是面对孩子手机网络成瘾、青春期叛逆、不愿意跟父母沟通、父母说话孩子不愿意听、厌学等各种问题，父母总想要一个可以具体操作的方法，而且这个方法是能"拿来即用，用即有效"的。这确实是一个不小的挑战，因为任何方法背后都需要一个或多个教育理念做支撑。

就像学生解答数学题，首先要知道这道数学题使用的是什么原理，然后才能根据原理找到方法解答出来。现在，我结合自己做过的心理咨询案例和全国各地工作坊的经验，以及自己在教育孩子方面的心得体会，将这套培养孩子和解决孩子在成长过程中出现的各种问题的方法积累成册，以便父母在面对孩子出现的问题时能找到答案。

当然，孩子的问题千差万别，生活环境各不相同，父母的教养方式也不一样，因此很难有"放之四海而皆准"的标准，父母一定要结合实际情况和孩子的具体问题有针对性地解决，这本书的内容正是秉持这样一个理念去书写的。在此，我愿与各位父母和同行共同探讨与提高。

为了让父母们更好地理解书中的内容，论述中运用了大量的心理学理念和方法，也罗列了很多心理咨询的案例。为了保护来访者的隐私，书中的案例都征求来访者同意并已做过保密处理。

"方法"这个词汇我们平时经常用到，但这个词据说是起源于中医。

很久很久以前一位皇帝生命垂危，他得了一种噎食症，吃什么东西都吐。皇帝身边的御医费尽心思也没能治好这种病。

有一天，一位侍从向皇上禀报说："百里之外，有位隐居深山老林几十年的和尚，据说有根治此病之术，不妨请来一试。"

皇上听后，立刻派人把和尚请来。和尚来到皇帝病榻前，为他把脉后开了一剂药方，让侍从立刻把药买回来给皇帝服用。

侍从拿到药方一看，为难地说："为何尚用此方？"

侍从的话让和尚倍感疑惑，他拿过以前御医所开的药方一看，所用药物、剂量与他开的药方完全一样。但是，和尚依然坚持让侍从把药买回来，他亲自看火煎药。

等到药煎到只剩下很少的两汤匙时，和尚请皇上不要直接一口气喝下去，而是用汤匙盛上药汁慢慢地用舌尖舔服，如此反复，直到把药汁舔舐完为止。

皇上用这种方式服完药，精神逐渐有了起色，他又用相同的方式连续服了几次，之后就痊愈了。皇上重重赏赐了和尚后，问他："用同样之药，前者医朕无效，而你却能使朕起死回生，其中必有奥秘。"

和尚解释说："医药者，既要有方，又要有法，用舌头舔食汤匙上的药，可使药物缓缓地作用于咽喉之处，此乃法。如果仍用以前的服药之法，将药汤一口气喝下去，难免药过病所，无济于事。"

皇上听后，恍然大悟："啊！方法，方法，有方还要有法，光有方不行。服法也有学问，方与法结合起来才行。"

我在这里举出这个典故，就是要说明：在整个亲子教育历程中，不论是培养孩子，还是改正孩子身上的问题，既要有"方"，也要有"法"，要想培养和改变孩子，既要有思路和流程，也要有具体的执行方案和步骤；既要知道为什么这样做，也要知道怎么做；既要针对"病症"有"药方"，又要针对"药方"有"服法"。

因此，培养孩子，既要有方，又要有法，而这些方与法的背后通常都贯穿着一根主线，即父母对孩子的爱。没有爱，就没有教育，方与法也就失去了存在的意义和价值，所以父母首先要学会爱，结合培养和改变孩子的方与法，就一定能成就一个优秀的孩子，这样的父母才是智慧的。

那么，为什么方与法背后一定要贯穿爱的教育这条主线呢？有一句话叫"爱是一切问题的根源，也是一切的答案"，在我日常做的几乎所有的心理咨询案例中，揭开这些心理问题或关系困惑背后的面纱，呈现出来的都是因为当下或童年缺少父母之爱造成的心理困惑和问题。当他们还是孩子时，父母伤害了他们；等他们自己做了父母，又在伤害他们的孩子。而这样的伤害，每天都在上演；这样的痛苦，一直都在继续。

会爱才是真爱，真爱需要学习，让我们一起努力，学会爱我们的孩子。

朱世勇

2022 年 9 月

目 录

上篇　助力孩子健康成长

1. 真爱是送给孩子最好的礼物 / 2
2. 真爱无敌，因时施教 / 8
3. 如何建立健康的亲子关系 / 16
4. 如何培养一个聪明的孩子 / 20
5. 如何培养孩子的情商 / 31
6. 如何跟孩子有效沟通 / 37
7. 如何培养孩子的好习惯 / 42
8. 如何培养孩子的人格素质 / 48
9. 如何正确使用表扬和鼓励 / 55
10. 如何开展生命教育 / 62

中篇　为孩子的成长赋能

11. 孩子撒谎怎么办 / 68

12. 孩子挑食怎么办 / 73

13. 孩子胆小怎么办 / 77

14. 孩子爱哭怎么办 / 82

15. 孩子过度喜欢被夸奖怎么办 / 85

16. 孩子不愿意交友怎么办 / 90

17. 孩子厌学怎么办 / 94

18. 孩子逆反怎么办 / 104

19. 孩子不愿意沟通怎么办 / 111

20. 孩子有暴力倾向怎么办 / 116

21. 孩子做事磨蹭怎么办 / 121

22. 孩子缺少自信怎么办 / 129

23. 孩子没有责任心怎么办 / 132

24. 孩子情绪烦躁怎么办 / 139

25. 离异家庭的孩子怎么教育 / 146

26. 孩子和老师闹矛盾怎么办 / 151

27. 孩子恋爱了怎么办 / 156

28. 孩子网络成瘾怎么办 / 161

下篇　做智慧型父母

29. 父母一定要具备的心理素质 / 168

30. 父母一定要掌握的教育规律 / 178

31. 运用潜意识的力量 / 183

附录

咨询案例——改变，只差一个转身 / 194

上篇
助力孩子健康成长

1. 真爱是送给孩子最好的礼物

我们先一起来看几个心理咨询场景：

场景1：

一个叫伊伊的女孩因为高一学习压力过大导致休学三个月，爸爸妈妈和女儿一起坐在咨询室里，伊伊低着头用手拨弄着衣角，看起来有些紧张。妈妈流着眼泪诉说着孩子的情况。

爸爸平时做生意比较忙，抽不出时间照顾孩子，在伊伊小学三年级时妈妈就从事业单位辞职全力照顾孩子，为了孩子上学方便，全家还搬到学校附近居住。妈妈每天的任务就是全力照顾孩子的饮食起居，辅导孩子作业，将孩子生活的方方面面照顾得无微不至，所有跟学习不相干的事情妈妈全部包揽。

孩子也很争气，学习成绩一直非常好，并顺利考上了重点高中。后来，孩子跟同桌闹了点儿小矛盾，就再也不去上学了，整天躺在家里玩手机，也不出门，即使制订了学习计划，也没去执行。

妈妈说，孩子在家里"衣来伸手，饭来张口"惯了，父母从不让孩子做家务，因为家里经济宽裕，基本上孩子要什么都马上满足，对孩子百依百顺，自己为了照顾孩子甚至连工作也辞了，付出很多，孩子却成了现在这个样子……看到她不争气的样子，看着就烦，也懒得管她了……

场景 2：

明浩是被妈妈硬拉着来心理咨询中心的。妈妈很焦虑，因为儿子平时不认真做作业，偶尔还会逃课，在学校里经常为同学"主持正义"，得罪了很多同学，结交了很多朋友，老师已经跟父母谈了好多次。妈妈非常苦恼。

咨询师："明浩妈妈，在您看来，孩子哪方面是最重要的？"

妈妈："当然学习最重要啦！"

咨询师："哦，既然认为学习最重要，您平时肯定是一位爱学习的妈妈！"

咨询师（侧过脸去）："明浩，你认为什么最重要呢？"

明浩："嗯……我觉得朋友最重要！"

咨询师："假如某天明浩放学回家放下书包，然后跟妈妈说要出去跟同学踢球，因为他觉得朋友最重要，跟朋友一起玩儿是最开心的事。这时妈妈会问儿子：做完作业了吗？因为妈妈觉得学习最重要。如果明浩说没做完作业，妈妈会不会这样说：作业没做完不准去，做完作业再去？"

妈妈和儿子异口同声地说："会！"

场景 3：

晨晨 8 岁了，上小学二年级，妈妈为晨晨每天早上赖床的事情苦恼。

通过沟通，咨询师了解了妈妈平时早上叫晨晨起床的情况。

每天早上眼看就快 7 点了，妈妈就会火急火燎地从厨房里跑出来，生气地推开晨晨的房门，一边用力地在门上"嘭嘭嘭"地敲着，一边生气地说:"都 7 点半了,还不起床!你是不是要急死妈妈,妈妈上班都快要迟到了!"

晨晨闭着眼睛翻了个身继续睡觉,妈妈生气地一下就把晨晨的被子掀掉。晨晨每次都是一脸苦相,不情愿地爬起来,一边揉眼睛一边嘟囔。

咨询师说:"我懂了,关于叫孩子起床,我这里有个方法,你可以回去试一下。"

晨晨妈从包里拿出一个小本子,认真记录着咨询师的话。

"第一步,轻轻刺激孩子的听觉神经。敲门时声音轻柔一点,其实早上很小的声音孩子就会听见;用力敲打会惊吓到孩子,他会产生一种莫名的愤怒感。

"第二步,刺激孩子的视觉神经。进入孩子房间后,把窗帘缓缓拉开。潜意识对光是很敏感的,即使闭着眼睛,他也会感觉有光进来,猛地拉开窗帘,孩子就会感觉特别不舒服。

"第三步,刺激孩子的嗅觉神经。如果天气允许,在确保孩子不感冒的情况下适当开下窗子,让新鲜的空气进来。

"第四步,妈妈先坐在孩子床边一分钟,调整一下自己的情绪,也可以看看孩子酣睡的可爱的样子。

"第五步,刺激孩子的触觉神经。可以暖暖手,然后伸进被窝,在孩子的胳膊、小腿或脊背上轻轻划一划,这是父母与孩子的一种肢体互动方式。

"第六步,对孩子轻柔准确地表达时间:'儿子,现在是 6 点 45 分,该起床了!'让孩子在心里做出基本的判断,甚至还可以主动地跟孩子说:'你如果没睡醒,还可以赖床 5 分钟,5 分钟之后妈妈再来叫你起床。'如此，孩子会觉得妈妈特别理解和关心自己。"

晨晨妈妈："好！那我试一下吧！"

咨询师："一定要坚持哦！"

一个月后，晨晨妈打电话来反馈，说使用了这个方法后，孩子起床变得非常积极，不用别人催促，自己就能开心快乐地主动起床！

以上是我在日常咨询过程中经常遇到的场景，让我们一起来分析一下。

第一个场景中，妈妈为孩子付出了很多，甚至还辞掉了工作。她全心全意地照顾孩子，不仅照顾到孩子的学习，还将孩子生活的方方面面都照顾得无微不至，甚至包办了孩子的一切，孩子连家务都不需要做，"衣来伸手，饭来张口"，孩子提出的任何要求都无条件满足。结果孩子无法为自己的学习和生活负责，即使遇到很小的事情，也会退回家里不再上学，然后躺在床上或沙发上无所事事。无原则地满足孩子一切的需求，是父母对孩子溺爱的一种体现，妈妈觉得牺牲自我来满足孩子的需要，应该得到回馈，结果不仅没有滋养到孩子，还让孩子出现了很多问题。

法国著名教育家卢梭说过："你知道用什么方法可以使孩子成为不幸的人吗？这个方法就是对他百依百顺。"真正伟大的母爱，应该是有尺度、有方法、理性的爱，以孩子人格的健全发展为前提，以孩子独立能力的形成为目的。

仔细思考这个过程，妈妈会觉得特别爱孩子，孩子不去上学妈妈会觉得特别委屈和生气。为什么溺爱不是爱呢？在妈妈无微不至地照顾孩子的过程中，孩子并没有主动承担起自己的责任和义务，比如，做家务体现了家人之间的相互关心，而做力所能及的家务也是孩子的一种责任，妈妈包办所有的家务，就剥夺了孩子做家务的责任；孩子的责任心没有培养起来，对学习也会缺少责任心，因为学习是孩子自己的责任。

妈妈觉得特别委屈，孩子一旦不去上学，妈妈就不愿意再去管孩子了。虽然妈妈说的都是气话，但她对孩子的爱也是有条件的。孩子学习好，就照顾得好；不去上学了，就生气，不想照顾。在学习这件事情上，附加了很多条件。当然，我们也相信妈妈是一时之气。

其实，在跟孩子互动的过程中，很多父母都会设置很多条件，比如习惯好不好、懂不懂礼貌、成绩好不好、聪明不聪明、健康不健康等，如果不是父母期待的标准，父母对孩子的爱就会大打折扣。

溺爱是无条件地满足孩子的外在需要，其实不是爱得太多，而是不会爱导致爱得太少，而真正伟大的爱是无条件地满足孩子内心的需求，这个需求就是关注和理解，是培养孩子的独立人格，以及没有任何附加条件的包容和温暖。

第二个场景中，妈妈认为学习是最重要的，明浩认为朋友是最重要的，当大人的价值观和孩子的价值观产生冲突时，孩子是处于弱势的，不得不服从大人的价值观，只能委曲求全地先做完作业，之后再去踢球。

当然，这也只是亲子教育的历程中剥夺孩子选择权的一次，而现实生活中的这种剥夺从孩子很小的时候就已经开始了，比如，孩子5岁时剥夺他选择什么颜色和款式的衣服的权利，8岁时剥夺孩子选择跟哪个小朋友玩耍的权利，10岁时剥夺孩子先看电视还是先做作业的权利，孩子成年后会剥夺他们选择跟谁谈婚论嫁的权利……很多父母都会说，这样做是为孩子好，但深入反思就会发现，一个人，真正的价值观是要为自己服务的，而不能转嫁给他人。

父母认为学习很重要，父母自己就去学习；父母认为人际关系很重要，父母就要努力经营好各种人际关系。不能自己不做，却用自己的价值观绑架孩子，更不能以"我都是为你好"的名义剥夺孩子的选择权。而真正的教育是影响，父母对自己的人生是自信的，努力做好自己，不对孩子有过高的精神期待，不把自己的价值观嫁接到孩子身上，孩子自然会以父母为榜样，经营好自己的人生。这就是生命的传承。

第三个场景中，咨询师表面上是教给晨晨妈一种让孩子不赖床的方法，其实每个步骤都融进了父母对孩子无限的爱。孩子赖床这件事情，的确困扰了无数的父母。结果，催孩子起床，越催越慢，用尽了各种办法还是没有效果。懂得让孩子做事变得有动力的原理，就容易改变孩子被动拖延和不积极的状态，所以咨询师告诉晨晨妈的方法，每个步骤里都融入了让孩子有动力有激情的秘诀——爱。

我作为心理咨询师，每天都会接待大量的来访者，他们每一件苦恼的事件背后，最终都能归结为爱的缺失。正是因为缺少爱，这些个案中的孩子成年后甚至童年时就会出现各种各样的心理障碍。而国外曾有一项对某监狱的调查报告显示，约有85%的罪犯是因为早年没有得到爱的滋养。

真爱，是送给孩子最好的生命礼物。溺爱、有条件的爱以及对孩子过高的精神期待，都是现代父母的一种病态的"爱"，容易扭曲孩子的心灵。所以，我们不仅要爱孩子，更要会爱孩子。那么，在孩子的不同年龄阶段，我们该如何将这份真爱送给孩子呢？

2. 真爱无敌，因时施教

2500多年以前，孔子提出了"因材施教"的教育主张，即根据每个孩子的能力、性格、志趣等情况实施不同的教育方式，不能搞"一刀切"。除了因材施教，父母还要在孩子不同的年龄阶段实施不同的教育内容，也就是所谓的"因时施教"。

著名的女性教育家玛利娅·蒙台梭利提出了"敏感期"的原理，她认为，在儿童心理发展过程中的某个时期，相对于其他时期，更容易学习某种知识和行为，心理过程的某个方面发展最为迅速。父母抓住这些敏感期，教育孩子就能事半功倍；过了敏感期，就会事倍功半，甚至难以培养和改变孩子。

同理，在孩子不同的年龄阶段，教育孩子也是有"敏感期"的，每个年龄阶段父母都有教育的不同主题和任务。在日常心理咨询工作中，我接待过很多青春期孩子的咨询，而这个阶段出现的问题最多。

为了解决孩子的这些问题，父母花费了大量的时间、精力和金钱，最后却收效甚微。这就告诉我们，父母在孩子的不同年龄阶段要完成不同的教育主题和任务。当然，这些教育主题和任务并不是严格意义上的界限划分，而是不同的教育重点。

◆ 0~3 岁

建立良好的亲子关系

0~3 岁是婴幼儿时期，这一时期父母除了照顾好孩子的生理需求，最重要的是建立健康良好的亲子关系。关系第一，教育第二，没有良好的亲子关系做基础，空有一腔教育情怀，这对孩子的影响是非常有限的，因为对方的心门是关闭的。

有一句谚语叫"三岁看大，七岁看老"，充分说明了 3 岁之前对孩子一生的影响有多大。所谓的"三岁看大"，就是指 3 岁之前亲子关系对成年后人际关系的影响。我们生活在这个社会上，每时每刻都离不开人际关系——亲子关系、伴侣关系、职场关系、朋友关系等，处理不好这些关系，我们就会生活得不快乐、不幸福，甚至因为不能适应这些关系而出现各种心理障碍。

心理学研究表明，一个人早年跟父母的关系，影响甚至决定了这个人成年以后跟其他人的关系。正如奥地利精神病学家阿尔弗雷德·阿德勒所说："幸运的人用童年治愈一生，不幸的人用一生治愈童年。"因此我们可以认为，孩子与父母的关系决定了他的童年，进而决定他的一生。

用一个形象的比喻，我们每天出门都需要带手机，如果此时发现手机电量不足，心里就特别不踏实，担心手机关机后影响工作和生活。而 0~3 岁孩子跟父母的关系，也就是父母对孩子无微不至的陪伴和爱的互动，相当于给孩子这部"手机"充电的过程。后面我会详细跟大家分享如何建立健康良好的亲子关系。

◆ 3~6 岁

习惯培养

人们常讲"习惯决定性格，性格决定命运"，可见习惯对人生的影响有多大。美国作家杰克·霍吉著有《习惯的力量》一书，书中说"我们每天高达90%的行为是出于习惯"，也意味着我们培养孩子良好的行为习惯，至少在孩子的人生道路上可以送给他们90分。

书中把习惯比喻为飞驰的列车，惯性使人无法停步地冲向前方，前方可能是天堂，也可能是深谷，习惯就是你的方向盘。习惯是一种潜意识活动，就像人体各种软件的编程，一旦启动，就要按既定的程序演绎。一种动作和行为经过多次重复，就会进入一个人的潜意识，变成习惯。

蒙台梭利提出了习惯"敏感期"的概念，7岁之前几乎囊括了绝大多数习惯敏感期，因此这个阶段是培养习惯的关键期。行为心理学研究表明，一个新习惯的养成和巩固至少需要21天，在敏感期内培养会花费最少的力气收到最好的效果，过了敏感期培养习惯或改变习惯就会事倍功半，时间上至少需要6~8个月，效果方面也收效甚微。我在日常的咨询过程中发现，很多父母都为孩子的不良行为习惯而苦恼，比如，做作业拖拖拉拉、睡眠不规律、吃饭挑食、不懂礼貌、手机成瘾等。

智力开发

智力（IQ）是指一个人在认识、理解事物并运用知识、经验等解决问题的能力，包括观察力、记忆力、专注力、思维力、想象力等，我们平时说这个孩子聪明不聪明，一般就是指他的智力水平。在7岁之前，尤其是3~6岁，是孩子智商开发的最关键阶段。

《卡尔·威特的教育》是德国卡尔·威特著的一本世界畅销书。卡尔·威特是一个乡村牧师，他儿子出生后，经过卡尔·威特的早期教育，小卡尔·威特八九岁时就能自由运用德语、法语、意大利语、拉丁语、英语和希腊语等六国语言，并通晓动物学、植物学、物理学和化学，尤其擅长数学。9岁时他进入哥廷根大学,年仅14岁就被授予哲学博士学位,是最年轻的博士和吉尼斯世界纪录保持者。

这一系列成就,说明孩子的智商可以由后天尤其是早期教育开发出来。

情商开发

情商(EQ)通常是指情绪商数,它是近年来心理学家提出的与智商相对应的概念。

情商由自我意识、情绪管理、自我激励、认知他人情绪以及处理相关关系等五种特征组成,是一种情绪的智慧,主宰一个人的命运和性格,决定了孩子未来的成功、快乐、幸福等指数。

以前父母更重视孩子智商的培养,比如,关注孩子的学习成绩,忽略了对孩子情商的培养。许多心理学家、教育学家经过长期调查研究发现,一个人的成功,只有20%取决于智商的高低,而80%取决于他的情商。

影响孩子情商的因素主要是大脑独特区域的发展、教育和环境以及父母自身的情商高低。心理学家和教育学家们认为,一个人情商的高低,与童年时期的教育培养有着密切关系。可是,我们这一代父母似乎非常缺少情商教育,我们完全可以与孩子一起补足后面的情商课。

艺术教育

不仅要对0~3岁的孩子进行艺术熏陶,还要在孩子3~6岁时进行艺术教育,让其感受美和欣赏美,引导孩子对艺术有初步认识。苏联著名教育学家苏霍姆林斯基认为,对美的欣赏可以使人变得高尚起来。美能唤起人善良的情感,以美感人,以情动人。

幼儿期是孩子个性形成的重要阶段,他用唱歌、舞蹈、钢琴弹奏、表演等外在符号自由地表达自己的观点,抒发内心情感,感受用艺术与别人交流的喜悦,获得一种精神上的满足和因自我肯定而产生的愉悦感。

孩子对于艺术教育有一种自然的需求,他们好动,发现力强,艺术活动则为孩子提供了一个情感沟通与满足的机会,是他们喜爱的活动。艺术创作是孩子建立自信心的最好途径之一,他们可以在创作中获得自由快乐的体验,从孩子喜欢各种艺术培训内容也能反映出不同的个性,如喜欢节奏明快的孩子,个性外向成分多;而喜欢安静的孩子,个性内向成分多。父母完全可以通过孩子的各种艺术作品来发现和了解孩子的独特个性,并通过艺术教育来影响和促进他们健康个性的形成。

创作过程与作品能使孩子获得满足,而这种满足感是个人成就感的重要源泉。

从小就接受艺术教育的人,具有一定的艺术修养和较高的审美境界,他们能从最平凡的事物上发现真善美,懂得利用平凡的事物创造美,人生态度积极乐观。

◆ 6~12岁

学习能力

学习能力是指能够进行学习的各种能力和潜力的总和,主要包括感知能力、专注力、记忆力、思维力、想象力、语言表达能力、动手操作能力、感觉统合能力以及学科学习能力等。

在小学阶段如果孩子的学习能力培养不起来,就会影响孩子初高中、大学以及成年后的学习,需要父母在这个阶段进行系统的指导和培养,教给孩子阅读、预习、听课、复习、记忆、解题等技能,养成良好的学习习惯,比如课前预习的习惯、勤动笔墨认真看书的习惯等。

在咨询过程中，很多父母反映，他们的苦恼基本上都是从孩子上小学辅导课开始的。因为在孩子7岁之前，父母会认为自己做得非常好，孩子特别听话，各方面都很优秀；可是从小学开始，父母就开始变得焦虑了，每天都会陪伴孩子做作业，帮孩子检查作业，看孩子的成绩好不好。

孩子每天在书房里做语文、数学等作业，还要学习各种功课和上各种兴趣班，而且"不谈学习母慈子孝，一谈学习鸡飞狗跳"。还有的父母反映，孩子小学成绩很不错，到了初中和高中成绩就开始下滑。学习能力和学习成绩有一定的关系，但不是必然关系，学习成绩好的孩子，他们的学习能力也越强。

统计发现，小学、初中和高中这十多年的学习时间里，小学时间占到一半，知识点仅占3%左右，很多父母都没有意识到，培养孩子的学习能力比重视成绩更重要！

我儿子上小学一年级时，有一次回家嘟着嘴跟我说："爸爸你没有给我检查出来这道题的错误！"

我看了下，有一道数学题显然是孩子粗心把题目看错了，又依赖父母检查，导致没有得分。

从那时候我就意识到，检查作业是孩子自己的责任，出现了差错，需要他自己承担结果，而不是我"丢面子"。也就是说，要把学习的责任还给他，并教给他如何检查错误。

从此以后，我就不再帮他检查作业了，完全由他自己检查，结果我们非常省心，孩子的成绩也越来越好。

自我管理能力

自我管理能力，是指个人依靠自己的主观能动性，按照既定目标，有意识、有目的地对自己的思想、行为等进行转化控制的能力。那么，父母为什么要在孩子 6~12 岁这个阶段培养他的自我管理能力呢？

初三的阳阳坐在咨询室的沙发上，一边低头用手熟练地滑动着手机屏幕，一边烦恼地跟我说，他自己也知道玩手机影响学习，可就是控制不了。

老师不让带手机去学校，阳阳上课时就总想着快点放学回家玩手机，可是爸爸妈妈总是管着他，要么把手机藏起来，要么就在他玩手机时抢夺过去，爸爸为此生气地摔坏了两部手机。

阳阳的父母反映说，孩子除了手机不能管控好，生活和学习等各方面的自理能力也很差，承诺的事情几乎做不到，时时处处需要父母操心。亲子关系很紧张。

青春期叛逆是令父母感到异常苦恼的问题，而叛逆背后的心理根源是父母没有培养孩子的自我管理能力，觉得孩子还没长大，各方面都需要父母操心，对孩子的生活、学习、人际交往、手机电脑、花钱等进行管控；而孩子在青春期，却觉得自己是个大人了，总想挣脱父母的管控，导致亲子关系发生冲突。

并不是孩子到了青春期就会自动管控自己，而是需要父母在孩子青春期到来之前有目标有意识地去培养。所以父母在这个阶段怎样把孩子的自我管理能力培养起来，是一项重要的任务。

自我管理能力是一个渐进的过程，也是一个逐步放权的过程，先从生活放权开始，约定好规则，经过一段时间的训练，达到目标后，再在学习方面放权。之后，再放人际交往和手机电脑的权利，最后是金钱管理的权利。

人格素质培养

人格素质是指一个人的人格在态度、特质、反应模式等方面的基本和持久性结构，受生活经历和环境、亲子关系、教育等因素影响。著名心理学家毕淑敏在《心灵七游戏》一书中说，"内无自主的人格支持，外无良好的沟通方式，是很多现代人的生存困境"。可见，人格素质对人的一生非常重要。

孩子3岁以后，就要把人格素质的种子播下去；6岁以后，再有目的有计划地逐步培养起来。个人的人格素质包括很多方面，这也是孩子将来能够实现成功卓越的"翅膀"：自信、勇敢、坚强、坚定、坚持、负责任、包容、信任、诚信、积极、乐观、独立、感恩等。

◆ 12~18岁

心理支持

青春期是指由儿童逐渐发育成为成年人的时期，是一个过渡和发展时期，也是一个变化和反抗时期，更是一生中非常困难的负重"爬坡"时期。

这个阶段几乎是所有父母最苦恼的阶段，因为多数问题都在青春期这个阶段出现，比如，叛逆、网络成瘾、早恋、厌学、顶撞父母、不愿沟通、情绪烦躁、抑郁焦虑等，但这些问题的原因不是青春期本身，可能只是在青春期这个阶段集中爆发而已。作为父母，发现孩子出现这些问题后该怎么办？

答案就是，给孩子无条件的尊重和足够的心理支持。多数父母教育不好青春期的孩子，就是因为父母正好处于人生的"下坡路"，大多处于中年危机阶段，情绪状态很糟糕。

中年危机的父母如何去面对青春期特别糟糕的孩子？父母只有不断地学习和成长，才能更好地面对青春期的孩子，给孩子无条件的尊重和心理支持，帮助孩子解决三大冲突和矛盾：生理和心理的冲突，管理和自我管理的矛盾，理想和现实的矛盾。

3. 如何建立健康的亲子关系

亲子关系是指父母与孩子之间的关系，这种关系是孩子最早建立起来的人际关系，会严重影响甚至决定孩子成年后几乎所有人际关系的质量。

东方文化特别强调阴阳平衡，阴阳一旦失衡，就容易出现健康问题。所以，亲子关系不仅包括妈妈跟孩子阴柔能量的母子关系，也包括爸爸跟孩子阳刚能量的父子关系，爸爸同样不能缺失对孩子的教育。

孩子 0~2 岁时，妈妈用无微不至的关怀给孩子足够的安全感和认同感，因为孩子是妈妈十月怀胎所生，孩子熟悉妈妈的温暖怀抱、妈妈的声音，以及妈妈的抚摸……只要跟妈妈在一起，感受到最无微不至的关怀和温暖，孩子的安全感就会慢慢建立起来，内心就是踏实而安全的。同时，在这个时期，如果妈妈没用错误的方法给孩子立规矩，孩子是被包容的、被认同的，自信心也会开始萌芽。

有一个叫童童的男孩，出生3个月就被送给了爷爷奶奶带，父母在南方城市打工，常年不回家，童童成了父母双全的"孤儿"。童童一直跟着爷爷奶奶生活，直到7岁时父母才回到他身边。

小学一年级时，童童一直害怕独自上学，更害怕某一天回家再也见不到父母，在学校他不跟同学交往，沉默寡言，敏感自卑，还经常偷拿同学的东西，甚至在操场上当着全校老师同学的面撒尿。

其实，正是因为童童在早年过早地跟父母分离，没得到足够的安全感和认同感，才导致了自闭、自卑、敏感，甚至出现了各种异常行为。

孩子2~3岁期间，爸爸要重点参与到孩子的教育中，以便建立一种安全型的母子分离模式。孩子一直跟妈妈在一起，就会形成一种依赖关系，无法完成"心理断奶"的分离过程，而爸爸就要主动承担起这个重担，帮孩子完成这个分离过程。

在日常生活中，爸爸可以带着孩子慢慢离开妈妈，到楼下的小区去，到超市去，到公园去……总之，就是要让孩子觉得跟妈妈在一起很踏实，跟爸爸在一起也很开心，在之后的日子里，就会正迁移到跟爷爷奶奶、外公外婆、老师同学、朋友甚至陌生人等各种人际关系中。

娅楠是个7岁女孩，这天被妈妈带到心理咨询中心。

进入咨询室后，孩子怯生生地躲在妈妈身后，紧紧拽住妈妈的衣服。妈妈反映说，孩子特别怕生，跟小朋友在一起还好，平时特别爱黏着妈妈。

我了解了情况后，问孩子妈："孩子的爸爸呢？"

当我说出这句话时，妈妈的眼泪流了下来，她说自从孩子出生后，他就很少照顾孩子，因为他特别讨厌女孩，有时喝了酒还会出现家庭暴力。

我之所以要询问孩子爸的情况，是因为我发现孩子其实不是害怕我，而是对成年男性都有一种恐惧感，而这种恐惧感首先来自暴力的爸爸，然后就会泛化到所有成年男性身上。

亲子关系不好，甚至是有创伤性的亲子关系，将来孩子走向社会，就会出现各种关系问题，比如，控制、苛求、自卑、退缩、讨好、害怕分离等，甚至出现抑郁、焦虑、强迫等各种心理障碍。

父母和孩子之间能否建立健康良好的亲子关系，决定了孩子不同的亲子关系类型。父母可以将下面四种类型孩子的特点与自己的孩子做个对照，并有针对性地进行调整。

◆ 安全型

特点：

活泼开朗，热情大方，情绪稳定，求知欲强烈，不害怕分离

原因：

妈妈给了孩子足够的安全感和认同感，也不缺少爸爸的参与

解析：

懂得教育孩子方法的父母，可以培养出健康的亲子关系类型

对策：

无

◆ 逃避型

特点：

听话，乖巧，退缩，逃避，懦弱，不积极，不主动

原因：

妈妈对孩子的认同感不够，或用不良的教养方式培养习惯

解析：

有缺陷的亲子关系类型，孩子听话和乖巧并非孩子的"优点"，而是为了"讨好"父母

对策：

多用表扬、鼓励、嘉许、分享等方式认同孩子

◆ 焦虑型

特点：

任性，不达目的不罢休，情绪化，脆弱易哭，害怕离别

原因：

妈妈给予孩子的安全感不足，或爸爸教育缺席

解析：

有缺陷的亲子关系类型

对策：

给孩子足够的安全感，爸爸多参与

◆ 紊乱型

特点：

冷漠，缺乏同情心，语言或行为的攻击倾向，异常调皮，人来疯，异常行为

原因：

有打骂、羞辱等家庭暴力倾向，缺乏妈妈的安全感和认同感，爸爸教育缺失

解析：

有严重缺陷的亲子关系类型，孩子容易出现心理健康问题

对策：

父母首先要停止家庭暴力，给孩子足够的安全感和认同感，爸爸多参与孩子的养育

4. 如何培养一个聪明的孩子

聪明，顾名思义就是耳聪目明。父母平时所说的孩子是否聪明，一般是指孩子的智力水平高低。智力是指人认识、理解客观事物并运用知识、经验等解决问题的能力，包括记忆、观察、想象、思考、判断等。

心理学上有专门的智力测验工具，不仅能对人的智力水平的高低做出评估，还可以在某种程度上反映出与被测者有关的其他心理状况，是心理测验中应用最广、影响较大的工具和技术。

常用的智力测验量表有韦氏智力测验、联合型瑞文测验和中国比内测验等。但是，这些测验的目的是区分智力发育正常和非正常而设立的，对一般父母并没有太大的价值和意义，无须专门去做这样的心理测试。

每个父母都希望自己的孩子聪明，那么，如何让孩子变得聪明呢？

◆ 调整饮食结构

振宇是我朋友亲戚家的孩子，上小学五年级。爸爸之所以要带振宇来咨询，是因为他上课总是犯困，打不起精神，注意力不集中，记忆知识吃力，不爱动脑筋，学习成绩也不理想。

爸爸带着儿子推门进来时，我看到孩子长得胖墩墩的，一米五的个子，估计有170斤重，一屁股坐下后还气喘吁吁。

桌子上摆放着一盘精致的点心和糖果，小家伙一坐下，眼睛就瞄上了盘子里的点心和糖果。在我给他们倒水的时间，小家伙已经毫不客气地吃了起来，看起来吃得非常香甜。

我先跟爸爸了解了孩子的日常饮食习惯。他说，家里开了一家小型超市，各种零食都有，孩子喜欢吃零食，大人没怎么管控，而且孩子特别喜欢吃巧克力、方便面、奶油面包等精加工食品，反而不好好吃饭，即使吃，也以面食、油炸类和肉类等为主。

显然，振宇的饮食结构出现了很大的偏差，他喜欢吃的甜食类、精加工类、淀粉类、肉类和油炸类食品，都属于酸性食物。我建议他，从现在开始对孩子的饮食结构进行重新调整，总体饮食结构是碱性食物多于酸性食物。

该案例说明，饮食结构对孩子是否聪明有着明显的影响。日常生活中，并不是价格贵或口味好的食物对孩子有好处，而是要看食物中所含的矿物质种类和含量结构，比如钾、钠、钙、镁、铁等微量元素经人体反应呈现的是碱性状态，而磷、氯、硫等微量元素经人体反应呈现的是酸性状态。

家庭饮食结构最健康的状态是碱性食物多于酸性食物，在上面的案例中，孩子比较喜欢吃的多数食物都是酸性的，比如肉类、淀粉类、甜食类等，孩子平时不怎么喜欢吃的如蔬菜类、水果类、豆制品类等恰恰是碱性食物。

酸性食物摄入过量，就会加重消化系统负担，造成大脑供血不足，头脑不清醒，上课容易犯困或专注力不够等情况，甚至会引起健康问题。

以下列举了酸碱性食物对照表，父母可以参考，日常生活中要对孩子的饮食结构做好调整。

碱性食物主要分为：蔬果类、海藻类、坚果类、发过芽的谷类和豆类	
强碱性食品	茶、白菜、柿子、黄瓜、胡萝卜、菠菜、卷心菜、生菜、芋头、海带、柑橘类、无花果、西瓜、葡萄、葡萄干、草莓、板栗、咖啡、葡萄酒等
弱碱性食品	豆腐、豌豆、大豆、绿豆、竹笋、马铃薯、香菇、蘑菇、油菜、南瓜、芹菜、番薯、莲藕、洋葱、茄子、萝卜、牛奶、苹果、梨、香蕉
酸性食物主要分为：淀粉类、动物性食物、甜食、精制加工食品(如白面包等)、油炸食物或奶油类等	
强酸性食品	牛肉、猪肉、鸡肉、金枪鱼、牡蛎、比目鱼、奶酪、米、麦、面包、酒类、花生、核桃、糖、饼干、白糖、啤酒等
弱酸性食品	火腿、鸡蛋、龙虾、章鱼、鱿鱼、荞麦、奶油、鳗鱼、河鱼、巧克力、葱、空心粉、炸豆腐等

除了调整酸碱性食物结构，父母还要注意食物颜色的搭配。东方"五行"学说强调土、木、火、金、水五种能量平衡，在饮食上分别代表黄色、绿色、红色、白色、黑色等五种颜色的食物平衡搭配，父母可以参考。

◆ 调整睡眠质量

我儿子上初中三年级时，除了日常的作业，还要为中考做准备，每天晚上大约十一点才会上床睡觉，因为离学校远需要坐公交车，只能早上五点五十分起床，睡眠不足 7 小时，而且他的睡眠较浅。

我给孩子买了一个学生午睡枕，可以在午休时补觉；同时还给了他一个 MP3，里面拷贝了几首放松的音乐，空闲时听一听，有助于提高睡眠质量。

我把一些简单易学的放松方法教给儿子，既保证了他的睡眠数量，也保证了睡眠品质。

现实中，像我儿子这样的初高中学生睡眠时间不足和睡眠品质不够的有很多，父母要想办法帮助孩子提高睡眠时长和品质，如果长期睡眠不足或睡眠品质不够，不仅会影响孩子的学习效率，还会牺牲孩子的健康。

从睡眠时间上来说，要记住一串有序数字"7、8、9、10"，也就是说，成年人的睡眠通常每天不低于 7 小时，中学生不低于 8 小时，小学生不低于 9 小时，婴幼儿要在 10 小时以上。

从睡眠品质来说，以下三种情况会影响孩子的休息：

第一种是入睡困难。这种情况一般跟焦虑情绪有关，对孩子来说，学习压力、升学压力等都会引发孩子的焦虑情绪，父母要帮助孩子减压。

第二种是早醒。早醒通常跟抑郁情绪有关，父母要多加关注，因为现实中很多孩子都出现了抑郁情绪。

第三种情况是孩子做梦尤其是噩梦，也会影响孩子的睡眠品质。

对年龄小的孩子，在孩子临睡前可以给他讲一些睡前故事，道一声

"晚安"，或做一些类似亲吻额头等的"睡前礼仪"，孩子在睡觉前感受到来自父母的温暖，就会睡得很踏实，睡眠品质也能提高。如果孩子大一些，就可以将放松的方法直接教给他，让孩子快速进入高质量的睡眠。

下面是我经常给学生做的放松训练的引导词，效果非常好，父母可以参考。

自律神经放松引导词：

想象自己静静地躺在海边的沙滩上。周围没有其他人，感觉非常安全，头顶是蓝天白云，远处是湛蓝色的大海，岸边是高大的椰树，身下是绵绵的细沙，阳光温柔地照在身上，感到无比舒畅。

微风带着一丝海腥味轻轻地拂过自己的脸颊，静静地聆听着海浪悦耳的歌唱，阳光照得全身暖洋洋的，感到一股暖流顺着头部流进右肩，感到温暖、沉重。呼吸变得越来越慢，越来越深。这股暖流又流进右臂，再流进右手，整个右手也感到温暖、沉重。

这股暖流又流回右臂，从后面流进脖子，脖子也感到温暖、沉重，呼吸变得更加缓慢深沉。这股暖流又流进左肩，左肩感到温暖、沉重，越来越轻松。这股暖流又流进左臂，再流进左手，左手也感到温暖、沉重。这股暖流又流回左臂，左臂变得温暖、沉重。

整个身体和内心变得越来越轻松。心跳变缓慢了，心跳更有力了。这股暖流又流进右腿，右腿也感到温暖、沉重。呼吸缓慢而又深沉。这股暖流流进右脚，整个右脚也感到温暖、沉重。这股暖流又流进左腿，整条左腿都感到温暖、沉重。呼吸越来越深，越来越轻松。

这股暖流流进腹部，腹部感到温暖、沉重。这股暖流流进胃部，胃部感到温暖、轻松。这股暖流最后流进心脏，心脏也感到温暖、轻松，心脏又把暖流送到了全身。

全身都感到了温暖、沉重，舒服极了。整个身体都十分平静，也十分安静，已经感觉不到周围的一切了，周围好像没有任何东西，自己安然地躺在海边，非常轻松，十分自在……

◆ 调整运动

很多父母都认为，孩子运动会耽误学习时间，加上孩子课业增加等各种因素，导致现在的很多孩子非常缺少运动。长时间不活动会让血液往下肢、内脏或腹腔聚集，大脑供氧不足，就会产生困顿感，导致反应迟钝和记忆力下降。

我国著名医学专家钟南山院士，从小热爱体育，中学时就代表学校参加了广州市运动会，获得了400米短跑的第四名，之后又参加了广东省田径运动会，不仅获得400米冠军，还打破了当时广东省纪录，钟南山第一次参加全国田径锦标赛，就得了第三名。

这充分说明体育比赛并没有耽误钟南山的学习，反而有助于他有更饱满的精力和热情投入到工作和科研中。

科学研究表明，运动之所以能让孩子更聪明，是因为能够让孩子的身体健康和精力充沛，还能让孩子的大脑皮层各个功能区域得到充分刺激，改变大脑机能，使人脑中神经元之间的联系即神经突触增多，大脑白质区域增厚。

运动还会促进血液循环，大脑得到更丰富的血氧供应，并产生一种叫多巴胺的神经递质，使人精神振奋，有利于提高智力和帮助记忆。

◆ **智力训练**

观察力训练

观察力是指人对事物的观察能力，通常是指通过人的五官进行搜集信息。上课时孩子知识信息的获取量，首先取决于他的观察能力而不是记忆能力，观察力也是智力的第一个元素。

所谓观察力，就是利用视觉、听觉、味觉、嗅觉和触觉等感官搜集信息，比如，上课时老师不仅有语言讲解给学生的听觉刺激，还有写板书给学生看的视觉刺激，学生用手记笔记又利用了触觉……如此，就有了"好记性不如烂笔头"的俗语，每种感觉刺激都会激发大脑皮层不同区域的功能，让知识的获取既多又牢。

要想训练孩子的观察力，父母要将日常生活充分利用起来。比如，带孩子去公园玩，多问"看到了什么""听到了什么""闻到了什么""摸起来怎样"，等公交车时可以跟孩子一起观察车牌号码。之后，将具体的观察方法告诉孩子，比如重点观察、个别观察、顺序观察、逆序观察等。把这些方法都运用在这些生活训练中，对孩子很有好处。

记忆力训练

记忆力是指识记、保持、再认识和重现事物所反映的内容和经验的能力。训练记忆力的方法有很多。

视觉强化法：所谓视觉强化，就是让你的眼睛看到，起到提示你记起某件事或某个知识的作用。比如，为了让孩子记住某些复杂的单词，可以把这些单词写在比较显眼的地方，如镜子、桌子、门等地方（为了方便清理，最好写在纸上，然后贴上去）。每当孩子看到这个时，眼睛就会把信息传给大脑，不断提醒。我的孩子在初中时学习英语单词就利用了这个方法，将单词写在便笺纸上，随手贴在家里任何一个能看得到的地方，随时进行视觉强化。

制作记忆卡片：杂乱、冗长的内容记起来非常费劲，要想更轻松地记忆，可以把需要记忆的信息提炼、整合和分类；然后把整理好的信息写在卡片上，随手放在衣兜里，方便随时拿出来学习和强化记忆。

建立联系，产生联想：任何知识点都不是孤立的，要把新知识和已学知识联系起来。这样虽然相对比较花时间，但它能促进理解，让记忆更深刻。这些联系，可以是学科内知识点之间的联系，也可以是学科间知识点之间的联系，或跨学科知识之间的联系。知识一旦有了联系，看到这个知识就可以想到另一个知识；记住了这个，也就基本记住了另一个。联想的种类通常有四种，即接近联想、类似联想、对比联想和因果联想。

回忆法：回忆是一个增强记忆比较好的方法，任何东西、任何知识都可以成为你的回忆对象。使用这个方法时，越放松，效果越好。比如，课后回忆上课时都讲了哪些知识点；一天结束了，回忆今天都学了什么知识、做了什么事；走过一条路，回忆这条路上都有哪些建筑物、店铺、岔路等。每天晚上，当你躺在床上准备入睡时，回忆这一天从头到尾所做的事情，尽可能回忆出细节：从你醒来起床的那一刻开始，直到刚才躺到床上为止。尝试把一切视觉化，包括脑海中的每个细节，按顺序回忆从始至终的每一件事情，就像看自己这一天的翻录视频一样。像这样的回忆，刚开始你能记起的细节少得可怜，如果能坚持数周，记忆就能大改善；而且，逐渐能回忆出的内容越来越多，甚至是当天最微不足道的细节。比如，你什么时候说过什么话，说话时有谁在场，收音机里放过什么音乐，见过哪些广告牌，走回家或坐车回家时见到了谁等。

专业训练：这类训练比较多，比如速读记忆、编码记忆、思维导图记忆。速读记忆是一种快速阅读之后的重点记忆和理解记忆；编码记忆是一种将编码信息与恰当的线索联系起来的个性化记忆；思维导图记忆是一种将所需记忆内容整合成关键词句后的思维记忆。

重复：记忆更多的是重复，而不是技巧（技巧只是辅助手段），防止忘记新学内容的最佳办法就是趁早温习。根据遗忘曲线，遗忘的速度是先快后慢。随着记忆巩固程度的提高，复习次数可以逐渐减少，间隔时间可以逐渐加长。如果在学习之后很久才去复习，所学的知识就会遗忘殆尽，等于重新学习。遗忘的频率刚开始快、后面慢，时间越来越久，不断巩固短期记忆，就能变为长期记忆，继而将学习成果巩固下来。记忆时不要只用眼看，还要多动手，因为"好头脑不如烂笔头"。而且，复习不仅可以帮助孩子记忆，还可以让孩子有更深的领悟。

专注力训练

专注力是令很多父母感到头疼的事情，因为很多孩子在课堂上学习专注力都不好。下面几个方法可以很好地训练孩子的专注力。

听音乐训练法。科学家发现，听音乐可以缓解压力，提高右脑思维，更有助于提高孩子的专注力。父母可以帮助孩子在网络上搜索高质量的音乐，让孩子来听，不仅让孩子心情舒畅，更让孩子放松和专注。

数字训练法。在一张有25个小方格的表中，将1~25的数字打乱顺序填写在里面；然后，以最快的速度从1数到25，边读边指出，同时计时。研究表明，7~8岁的孩子按顺序找到表上数字的时间是30~50秒，平均40~42秒；正常成年人所用的时间大约是25~30秒，有些人可以缩短到十几秒。父母可以给孩子多制作几张这样的训练表，数字也可以用英文字母来代替。每天训练数遍，就能提高注意力。

快速阅读训练法。找一些报纸或杂志的文章，在规定时间内将文章的内容全部阅读完，并能够讲述文章的主要内容。这个训练可以一个孩子单独进行，也可以两个孩子共同进行，孩子与父母一起进行还可以增进亲子关系。如果能够加一点竞赛，更容易引起孩子的训练兴趣。既可以训练孩子的注意力和记忆力，又可以提高阅读能力和语言表达能力。当然，快速阅读也可以同样换成快速做题法。比如，可以设计一些练习题的卡片，让孩子在规定时间内用最快的速度完成，并要求又快又对。

静思放松训练法。根据孩子的年龄，可以找到或设计一些适合孩子年龄段的引导词，让孩子闭上眼睛自行想象，也可以请别人帮助读引导词（速度要慢，预留出想象的时间），专注于视觉、听觉、味觉、嗅觉和触觉等。训练时，越放松效果越好。

打开轻柔的音乐，舒适地坐在椅子上或躺在床上，确保不被周围的环境打扰，轻轻地闭上眼睛，去感觉呼吸，感觉此刻自己的内心是平静的。深深地感受自己的心灵，轻轻地感受音乐的声音，感觉此刻是放松的。

想象自己来到一片美丽的玫瑰花园，周围充满了玫瑰花的清香，深深地感觉玫瑰花的味道，从鼻腔慢慢传遍全身。

感觉眼前有一大片红色的玫瑰花，它们就绽放在自己面前，想象自己轻轻地走上前去，看到玫瑰花的花瓣特别漂亮，美丽的花瓣上还有晶莹的露珠，试着伸出手点击一下露珠，感觉露珠顺着手指滑落到手掌心。

慢慢地离开玫瑰花园，不一会儿眼前出现一片美丽的果园。感觉自己轻轻地漫步在美丽的果园中，脚下是松软的泥土，走在果树中间，会感觉果树的树叶从手臂轻轻划过，能深切地感受到树叶划过的触感，听到沙沙的声音。

慢慢往前走，你会看到前方有一个特别红的苹果，它在树叶中间若隐若现，你试着握住光滑的苹果，并与自己的脸颊轻轻地接触，那种轻柔的触感让自己整个身心都完全放松下来。

每天睡觉前或看书写作业前都能做这样的放松练习，注意力就会越来越容易集中。同时，这种放松的状态还容易使大脑进入 α 波的状态，容易开发出大脑的潜能。睡眠不好的孩子，经过这样的放松练习，也可以改善睡眠质量。静思放松训练法同时也能训练孩子的想象力。

积极暗示训练法。引导身心放松后，潜意识会处于开放的状态，将让自己专注的暗示语植入内心，信念会在以后引导自己更加专注；也可以植入其他正面积极的信息，让自己保持良好的情绪状态，同样有助于提高专注力。

找一个安静的地方，把自己的身体调整到舒适的状态。双手可以合掌轻轻摩擦或者轻轻握拳放在胸前。让自己慢慢进入一种安静的状态，然后在内心给自己一份积极的暗示："我的专注力越来越好""我感觉越来越放松，越来越专注"等，而且每一个暗示可以连续说多遍。

思维力训练

创造性思维训练法。父母给孩子尽量买半成品玩具，也就是一些低结构、不完整的玩具，比如积木。这些玩具可以经过组合、拆装等方式，搭建成不同的物品，如火车、房子、桥梁等。

求异思维训练法。跟孩子一起思考一个物品可以有哪些不同的作用或用法，比如，苹果除了可以直接吃，还可以用来榨汁，用来雕刻简单的艺术品等，引导孩子跟别人想的不一样，训练孩子的求异思维。

扑克牌连加训练法。这是我在个案咨询和工作坊中经常使用的一种训练法，在我的咨询室里就放着一副扑克牌。这种训练法不仅可以训练孩子的思维力，还可以增进亲子关系。可以买一副扑克牌，在闲暇时间跟孩子一起训练。将10以上的牌全部去掉，留1（即A）至10四个花色的40张扑克牌，将扑克牌顺序全部打乱，一边发牌一边做连加，连加的过程只说结果，比如，连续发的牌是6、3、8、9、2，只说出6、9、17、26、28的结果，40张牌连续加完之后的结果是220。第二次连加前再将扑克牌打乱。刚开始训练时，孩子连续加完可能需要几分钟，随着训练次数的增多，一次一次地突破自己的纪录，经过一段时间可能仅需要几十秒就可以加完。训练时，不要让孩子与父母比，要跟自己比。这个过程既可以训练孩子的思维力，也有助于增强记忆力和专注力，一周就可以见到效果。这种方法同时也能增进亲子之间的和谐。

5. 如何培养孩子的情商

情商是指情绪的商数，是近年来心理学家提出的与智商相对应的概念。上一代父母甚至我们这一代父母都非常重视智商的培养，现在才逐渐对情商重视起来，因为不管是在生活中还是在工作中，情商都对一个人的成功、快乐和幸福等起着至关重要的作用。

哈佛大学做过一项调查研究，一个人的成功20%取决于智商，80%取决于情商。不仅在孩子的生活学习中，在成年人的生活和工作中也显得非常重要。可是，在孩子的学习中，没有一门这样的功课可以教会孩子如何提高情商。所以，高情商的孩子都是由高情商的父母培养出来的。

哈佛大学心理学博士丹尼尔·戈尔曼和其他研究者认为，情商由自我意识、控制情绪、自我激励、认知他人情绪和处理相互关系等五种特征组成，也意味着具备这五个方面特征的人是高情商的人。

了解自我：只有先了解自己，才能管理自己。通过对自己内在情绪的观察和审视，就能觉察到情绪的变化。汉语词典里关于情绪的词汇有500多种，了解和体验得越细腻，越容易解决问题，因为每种情绪背后都隐藏着某种需求。比如，孤独背后的需求是陪伴和关心，后悔背后的需求是安慰和原谅，焦虑背后的需求是放松和支持等。

自我管理：了解了自己的感受，也就知道了背后的需求，就有办法管理自己的情绪了。

自我激励：一个人做一件事情很多时候不会一帆风顺或一次性成功，只有具备自我激励的人，才能够越挫越勇，走出生命的低谷，最终通过管理自己的能力达成既定目标。

识别他人的情绪：通过别人细微的情绪状态，能够感受到对方的情绪，捕捉到情绪背后的需求，从而满足对方需求，这也是在人际关系中深度交往实现沟通或改变的前提。同时，也意味着对别人要有同理心。

处理人际关系：这是一种调控自己与他人的情绪反应的技巧。人际关系的质量从某种程度上反映了一个人情商的高低。

要培养孩子良好的情商,可以通过以下四个步骤进行:

◆ **学会尊重**

教学时,我会让大家闭上眼睛,引导他们进入放松状态,然后认真倾听一段音乐。

随着音乐节奏的起伏,每个人的反应都不尽相同,有的人似乎沉浸在优美的节奏中,有的人似乎陷入了悲伤的情绪里,有的人表现得祥和静谧……在分享环节每个人都能跟随音乐的节奏想象到不同的画面:有的人看到了高山流水,有的人看到了万马奔腾,有的人看到了曾经发生的悲伤往事,有的人回到了小时候老家的院子里跟父母一起聊天……

我给大家播放的音乐是一样的,为什么每个人的反应却不尽相同?因为每个人本身是不同的,大家的成长经历不同,价值观不同,习惯爱好不同,思维方式和认知水平不同,对同一件事情或同一个事物,每个人都习惯于用自己的标准来衡量,总认为自己看到的是事实,容易忽略掉别人看到的也是事实。

我们再来看下面这几幅图画:

第一幅图画,有的人看到的是一只兔子,有的人看到的是一只鸭子。

第二幅图画,有的人看到的是面对面的两个脸,有的人看到的是一个杯子。

第三幅图画，有的人看到的是一位年轻貌美的妇人，有的人看到的却是一位耄耋老太。

每个人的内心都是不同的，我们要尊重每个跟我们不一样的人，尊重别人的感受，尊重别人的观点，从对方角度看待问题。在亲子教育中，要引导孩子学会尊重自己的世界，更要教会孩子理解别人的世界。

◆ **学会交流**

在心理咨询的个案中，很多父母都跟我诉苦说，孩子不跟他们交流，每天把自己反锁在房间里，询问时最多应和一声，不询问更是"惜字如金"，几乎不跟父母交流，也不知道孩子心里到底在想什么。其实，这种情况大多是因为父母把交流当成了询问和回答。

孩子年龄小时，一般都特别喜欢跟父母交流，尤其是幼儿园阶段，孩子几乎会把幼儿园里发生的所有事情都跟父母分享，后来慢慢就不再跟父母交流了。其实只要反思一下，就能发现大人总是用大人的思维方式给孩子做很多评判，或随意打断孩子的表达，更多地通过大人询问、孩子回答的方式进行交流，孩子感到非常失望，慢慢就会关闭了跟父母交流的通道。

也有很多时候，父母的角色不能转换成跟孩子平等的朋友关系，孩子觉得跟父母之间不是平等和民主的，父母是一个"教训者"。中国有句俗话叫"听话听音儿"，意味着仅听内容不倾听感受，就会出现交流障碍。

有一天琳琳哭丧着脸放学回家，跟妈妈说语文老师检查课文背诵，很多同学都没背诵下来，她的同桌也没背诵下来，老师非常生气，责骂了她的同桌，同桌很难过，趴在课桌上哭了好久。

妈妈非常在乎孩子的学习，听了琳琳的话，特别担心琳琳跟老师相处不好关系而影响学习，就不假思索地跟琳琳说："如果老师对你们的学习不管不问，不仅工作轻松，也不会得罪同学。老师之所以生气地责骂你们，其实都是为了你们好，是很负责任的表现。所以，你们要学会体谅老师的良苦用心……"

听了妈妈的回应，琳琳黯然神伤。琳琳跟同桌关系很好，看到同桌伤心自己也会很难过，本想回家跟妈妈倾诉，得到妈妈的安慰，可是妈妈并没有好好地倾听她的感受，反而借机把她"教育"了一番。

◆满足需求

在情商里面，一个重要的环节就是对感受背后心理需求的满足。很多父母无法满足孩子的心理需求，因为我们这一代父母自身也缺失了对情商的重视程度，不能理解"心理需求"对一个人的重要性。

心理需求是"理解""关心""承诺""尊重""权利""爱"等这些"看不见摸不着"的需要用心体会的"虚物"，不同于看得见摸得着的"实物"，最容易被我们忽略掉，而孩子的那些"要求"和"需要"恰恰是看得见摸得着的、实实在在的，比如，孩子要买玩具，要买衣服，要零花钱等。一个人的心理需求长期得不到满足，外在的要求或需要就会变得不可思议甚至扭曲。

一位高中二年级男孩的妈妈来咨询中心求助。妈妈反映说，最近一段时间孩子总跟妈妈通过手机微信要钱，问他买什么东西也不回答，每隔几天就要一次钱；而且，从开始的两百，到后来五百和一千，再到两千，数额一次比一次多……经过了解，孩子爸和学校老师都没发现孩子乱花钱。

妈妈非常苦恼，一直纠结这次要的两千元钱给不给，因为给孩子之后他还会继续索要，如果不给，母子关系很可能会受到更不好的影响。

作为咨询师，我是知道孩子要钱只是一种表现在外在的"要求"或"需要"，背后可能隐藏着某种心理需求。

经过与妈妈交流发现，这是一个离异家庭，半年前因为感情不和夫妻离婚，孩子跟爸爸一起生活，妈妈离开了。找到问题的根源后，我给他们提供的解决方案是，回去跟儿子说一句话："儿子，虽然爸爸妈妈离婚了，可你永远是妈妈的儿子，我也永远是你妈妈，只要你需要我，我随时会来到你的身边……"

这个儿子，就是通过这些外在的看似无理的"要求"或"需要"来跟妈妈要一句承诺，妈妈依然爱着自己。

一周后，妈妈反馈说，按照我的这个方法跟孩子说了后，孩子再也没有跟她提过"无理"要求，母子关系好起来，孩子也能在学校安心地学习了。

◆ 改变认知

在认知行为心理学中，有一种疗法叫合理情绪疗法，也叫 ABC 理论，是帮助人们解决因为不合理的认知产生的负面情绪的一种心理治疗方法。

A 代表的是事件，C 代表的是负面情绪，我们一般认为，因为 A 这件事情的发生，导致了 C 这种负面情绪的产生，而这个理论却认为不是 A 产生了 C，而是我们对这件事情的看法和思维方式 B 出了问题。

比如，孩子叛逆，父母会觉得孩子变了，学会顶撞父母了，会非常生气或难过。也就是孩子叛逆这个"A"导致了父母生气或难过这个"C"。

换个角度想一下：叛逆其实是儿童走向成年的必然阶段，孩子今天不跟父母叛逆，将来就会跟社会叛逆；孩子叛逆，其实是在用这种方式告诉父母，你们需要改变一下自己的教养模式了。青春期叛逆也给了父母一个明确的信号，这是父母的最后一次好好爱孩子的机会，在不久的将来，他们就会离开家独立地走向社会。

我们的思维方式或思考问题的角度发生了变化，情绪就会发生转变。

有一个人在公园里放风筝，累了坐在公园的长椅上。他把风筝放在边上，突然有一个人在他身边坐下来，把风筝压坏了。他非常气愤，正想跟这个"没有素质的人"理论，却发现身边坐着的是一个盲人，本来气愤的情绪一下子完全消失了，甚至还生出一丝丝对盲人的同情。

同样是压坏风筝的事情，人的情绪却发生了截然不同的变化，就是因为人们对这件事情的看法前后不同了。

心态变了，我们的情绪就变了。在亲子教育过程中，父母得拥有良好的心态，孩子出现问题时，首先想到的是找到孩子出现这个问题的原因，从父母自身角度去找到责任，不仅能解决问题，也能教孩子具备良好的心态，从自身找到责任，不做"结果人"，成为"原因人"。

6. 如何跟孩子有效沟通

最令父母感到痛苦的莫过于孩子将自己的内心封闭起来，不愿意跟父母交流沟通。尤其是青春期这个阶段，这种现象更是非常普遍。那么，到底是什么原因让孩子的内心封闭起来，有没有一些方法让孩子愿意跟父母沟通呢？

◆ 理解接纳

沟通是人与人之间、人与群体之间思想与感情的传递和反馈的过程，以求思想达成一致和感情的通畅。简单讲，沟通就是为了表达自己、了解对方和达成共识。其实，沟通本身并不难，沟通之所以会出现问题，就是因为在沟通前我们的姿态已经出现了问题。

那什么叫理解接纳呢？我们做一个假设，两个人沟通时，一般的沟通姿态都是面对面站着或坐着，在沟通时他们各自能看到的是对方背对着的事物，即两个人看到的基本上都是对方的盲区的事物。虽然他们两个人说的都对，可是渐渐地彼此就没了聊天的欲望，因为他们谈话内容的交集越来越少。

这意味着，要想跟另一个人好好地沟通，首先就要做一个"转身"的动作。两个人的方向相同，看到的事物就是相同的，或者共同话题就会越来越多。而理解接纳是一种语言模式，只要父母多用"我知道……""我理解……""我明白……""我了解……"等这样的句式来跟孩子说话，孩子就会愿意跟父母沟通，因为他们是被理解、被接纳的。

这种语言模式一般是以"我"开头的，而不是以"你"开头，如果以"你"开头，孩子感受最多的是被说教、被指责、被批评等。沟通之前只站在自己的立场上说话，即使说得非常有道理，对方也不愿意沟通，因为对方的内心是关闭的。

◆ 用心沟通

跟孩子沟通时，要尽量避免讲一些大道理。现实中，有一个不争的事实，父母喜欢给孩子讲道理，又不喜欢别人跟自己讲道理。道理都很有逻辑，是非曲直，而家庭是用心滋养的地方，不是讲道理的地方。沟通时，要多用一些情感互动，也就是用心沟通。

◆ **学会倾听**

仅听孩子说了什么内容，孩子就会慢慢感到失望，因为透过内容孩子更想表达的是内容背后的感受。就像第5节中提到的案例，琳琳回家跟妈妈讲老师责骂了同桌，如果妈妈只听内容，就会忽略掉琳琳内心的感受，琳琳就会感到很失落，以后学校再发生什么事情都不愿意跟父母说了，因为她觉得妈妈不懂自己，不仅不安慰自己，反而借机来"教育"自己。

◆ **双向交流**

父母最容易犯的错误是单向采访性质的询问。真正的沟通是一个人在表达了自己的看法和观点后，先看对方的反应和反馈，再根据对方的反应和反馈来调整自己的表达方式。这是一个双向的循环过程，可以避免变成单向的采访或者询问，甚至变成说教或教训。

◆ **充分表达**

要想跟孩子进行有效的沟通，就要选择合适的时间，要尽量避免三个沟通时间：吃饭时、睡觉之前和上学路上。

利用这些零散的时间可以进行亲子情感互动，但不能用来沟通一件事情，一是因为时间很短暂，无法将事情谈得透彻深入；二是沟通时容易产生情绪波动，饭吃不好，觉睡不好，一天的学习也会受到影响。

真正的沟通时间是利用双休日，坐下来心平气和地聊一聊，或利用节假日、寒暑假等，这些时间都比较充分，可以深入交流，即使产生了情绪波动，也有足够的时间平复，不会影响到其他人或事。

◆ **简短清晰**

父母与孩子沟通时，要谈要点和重点。把沟通变成唠叨，生怕孩子听不明白或不想听，甚至想一股脑儿地倒给孩子，最终只能适得其反。沟通一件事情，谈到要点即可，待对方想进一步了解时再详细描述。

◆ **就事论事**

孩子的作文形式有记叙文、散文和议论文，记叙文只是实事求是地描述一件事或一个人，而散文会利用优美的词句描述人和事物，议论文则带有强烈的个人观点和色彩，甚至还会上升到一定道德层次，让人有一种抗拒和畏惧。

沟通同样如此。沟通中，如果说话多用记叙文和散文的方式，少用评判性的议论文的方式，就会顺畅地进行，带有评判性的沟通，很快就会终结。因为，评判是沟通的"杀手"。

举例说明，父母看到孩子将吃剩下的半个馒头扔进垃圾桶，用不同的语言方式会有不同的效果。

"记叙文"方式：我看到你把没有吃完的馒头扔进了垃圾桶。

"散文"方式：我看到你把馒头扔进了垃圾桶，妈妈有点心疼。

"议论文"方式：你把馒头扔进垃圾桶，浪费粮食，你就是一个不道德和不负责任的孩子。

◆ **声调平和**

心理学研究表明，人的脑波在 α 波状态时会让人放松，而 β 波会让人处于紧张状态，说话时的频率如果是 8~13 赫兹，也就是音调轻柔的 α 波状态时，孩子就会感觉安全和放松，愿意跟父母沟通。

如果父母的音调频率在 14~30 赫兹，也就是音调抑扬顿挫的 β 波状态时，孩子会感到紧张，会觉得父母批评或指责自己，孩子就会做出防御和抵抗，无法取得理想的沟通效果。

这种轻柔的 α 波频率状态的沟通模式，就是处于一种放松状态的模式，孩子完全放松，不会处于防御和抵抗的状态。因此，父母跟孩子说话，一定要用轻柔的语气语调，将情绪平和下来。

◆ **单独处理**

在跟孩子的沟通过程中，如果只有沟通双方在场，双方才能坦诚相见；很多人都在场，可能会顾及自尊，无法将沟通进行得彻底。在平时的心理咨询个案中，父母带孩子来咨询，通常都需要父母回避，咨询室里只有孩子和咨询师，孩子就愿意进行沟通交流。当然，咨询师跟父母沟通时，孩子也要回避。

◆ **肢体语言**

如果觉得沟通就是进行口头语言的交流，就完全低估了沟通的真实含义。因为用嘴巴说话时，会带动身体、语调、情绪等也跟着说话。专家曾经说，沟通的信息传递是"7% 的言语语言 +93% 的肢体语言"。因此，跟孩子沟通，可以多一些肢体动作，比如，用手摸摸孩子的头发、拍拍肩膀等，将父母的情感传递给孩子。

◆ **表达感受**

要想取得较高的沟通质量，需要双方具备良好的情商，因为沟通最终的目的是达成共识。因此，双方都要考虑到对方的需求，而需求是需要通过感受来提供的，父母多表达自己的感受，孩子才能体会到父母的心情，产生良好的沟通效果。

7. 如何培养孩子的好习惯

习惯是指积久养成的生活方式。在亲子教育的历程中，多数父母的苦恼都源于孩子习惯不好：做作业拖拖拉拉，赖床，爱撒谎，迷恋手机网络，吃饭挑食，没礼貌，说脏话，贪玩儿，不认真学习，懒惰，不自律……

对于习惯养成的重要性，人们有很多真知灼见，比如："积千累万，不如养成个好习惯""习惯影响性格，性格决定命运""习惯是一个人的第二个上帝""没有什么比习惯的力量更强大"……

世界著名女性教育家玛利娅·蒙台梭利提出了"敏感期"的原理，抓住这些敏感期，也就抓住了培养习惯的关键时间，按照一定的培养方法，就会事半功倍。

在行为心理学中有一个"21天定律"，是指一个人新习惯的形成并得以巩固至少需要21天。也就是说，在这些习惯敏感期内按照一定的流程，至少21天就能培养一个良好的习惯。

语言敏感期（0~6岁）

对成年人来说，学习一门外语是一件相对困难的事情，0~6岁的孩子处在一种语言的环境中，就会很快学会这种语言，因为孩子从出生就具备了语言敏感力。

秩序敏感期（2~4 岁）

孩子需要一个有秩序的环境来帮助他认识事物、熟悉环境，一旦自己熟悉的环境消失，就会令他无所适从。

蒙台梭利在观察中发现孩子会因为无法适应环境而害怕、哭泣，甚至大发脾气，因而确定对秩序的要求是幼儿极为明显的一种敏感力。

幼儿的秩序敏感力常表现在对顺序性、生活习惯、所有物的要求上。蒙台梭利认为，成人未能提供一个有序的环境，孩子也就失去了建立对各种关系知觉的基础。当孩子从环境里逐步建立起内在秩序时，智能也就逐步建构起来了。

感官敏感期（0~6 岁）

孩子从出生起，就会借着听觉、视觉、味觉、触觉等感官来熟悉环境，了解事物。3 岁前，孩子透过潜意识的吸收性心智吸收周围事物，3~6 岁则更能具体地透过感官判断环境里的事物。因此，蒙台梭利设计了许多感官教具。

如听觉筒、触觉板等以敏锐孩子的感官，引导孩子自己产生智慧。您也可以在家中用多样的感官教材，或在生活中随机引导孩子运用五官感受周围事物。尤其是当孩子充满探索欲望时，只要不具危险性或不侵犯他人他物时，都应尽可能地满足孩子的要求。

对细微事物感兴趣的敏感期（1.5~4 岁）

忙碌的大人经常会忽略周边环境中的细小事物，但孩子却常能捕捉到个中奥秘。因此，如果您的孩子对泥土里的小昆虫或您衣服上的细小图案产生兴趣，也就到了培养孩子巨细靡遗、综理密微习性的好时机。

动作敏感期（0~6岁）

2岁的孩子已经会走路，最活泼好动，父母应充分让孩子运动，使其肢体动作正确、熟练，并帮助左、右脑均衡发展。除了大肌肉的训练外，蒙台梭利更强调小肌肉的练习，即手眼协调的细微动作教育，不仅能养成良好的动作习惯，也能帮助智力发展。

社会规范敏感期（2.5~6岁）

两岁半的孩子逐渐脱离了以自我为中心，对结交朋友、群体活动有了明确倾向。这时，父母应与孩子建立明确的生活规范和日常礼节，使其日后能遵守社会规范，拥有自律的生活。

书写敏感期（3.5~4.5岁）

在这个阶段，孩子会到处乱写乱画，家里的空白地方无一幸免。聪明的父母一般会引导孩子，但孩子不听时也就放任他乱写了。在写的过程中，孩子会体会到乐趣，父母要保持耐心，养成良好的书写习惯。

阅读敏感期（4.5~5.5岁）

美国心理学家在研究天才的报告之中指出，有44%的天才男童和46%的天才女童是在5岁以前开始阅读的。可见，阅读对于孩子的智力发展发挥着极其重要的作用。孩子喜欢看书，父母可以准备一些图画类书籍，让孩子尽情地看！

文化敏感期（6~9岁）

蒙台梭利指出，幼儿对文化学习的兴趣萌芽于3岁，到了6~9岁会萌生出探索事物的强烈要求。这时期孩子的心智就像一块肥沃的田地，准备接受大量的文化播种，成人可以为他提供丰富的文化信息，以本土文化为基础，延伸至关怀世界的大胸怀。

那么，如何培养孩子良好的行为习惯呢？

◆ 培养准备

要想培养孩子的良好习惯，先要做好培养的准备。

首先是物质方面的准备。准备一些能够激发孩子养成良好习惯的用品，比如，要想培养孩子学习的习惯，就要准备适合孩子年龄的书桌、台灯、闹铃、文具等；要想让两三岁的孩子养成吃饭的习惯，就要准备适合该年龄阶段孩子的小饭桌、带卡通的小碗、勺子、训练筷等，激发孩子自己吃饭的欲望。

其次是心理方面的准备。大人先在思想上保持统一，爷爷、奶奶、爸爸、妈妈每个人一个标准，孩子很容易无所适从。保持教育的一致性，对大人有一定的考验，因为每个人的成长经历都不同，观念和想法也不同，在教育中的价值观也容易产生分歧。出现分歧时，大人可以私下里探讨，甚至可以召开家庭会议讨论确定。另一方面，要告诉孩子培养这些习惯对他有什么好处，激发孩子对自己独立做事的兴趣。在敏感期内培养孩子的习惯，孩子一般都愿意去做，因为这个年龄阶段，孩子自我意识萌发，都希望自己独立地去做事。

◆ 习惯要求

《孟子》说："不以规矩，不能成方圆"，字面意思是，不用规和矩，就画不成方形和圆形。这九个字告诉我们，只有遵守规则，才能建立良好的秩序。

习惯训练也一样。没有具体的要求，是无法培养良好习惯的。给孩子提要求，要事先或事后提要求，不能在做事的过程中去提，否则就容易形成对抗。比如，孩子正在看电视，已经被电视节目所吸引，现场提要求，如你已经看半个小时了该关电视了，孩子容易产生对抗心理；带孩子去朋友家做客，开车的路上可以跟孩子提出到了朋友家要懂礼貌的要求，如果到达现场了才不断催促孩子叫"爷爷""奶奶""叔叔""阿姨"等，孩子是被动的，内心就没有成就感。

以孩子吃饭为例。首先，跟孩子提前说吃饭时要荤素搭配着吃，比如，肉类可以让孩子长力气，吃蔬菜可以让孩子补充维生素、矿物质和纤维素等，增强免疫力；其次，吃饭时要安安静静地吃饭，专注地吃饭，一边吃饭一边大声喧哗是不礼貌的；第三，吃饭不能太快也不能太慢，吃得太快会伤肠胃，吃慢了饭菜凉了对身体也不好；第四，饭后，碗里、碗外、桌上、地上都是干净的，养成不浪费的好习惯。

◆ 说到做到

父母既然已经开始培养孩子的习惯，就要说到做到。先克服自己内心的焦虑，比如，孩子自己吃饭，父母就不要害怕孩子吃不饱再亲自喂孩子吃饭；跟孩子提了"吃饭时要安安静静"的要求，父母就不能一边吃饭一边打电话，要以身作则，树立榜样。

◆ 记录观察

在培养孩子好习惯的过程中，不要急着矫正，父母只要在一边观察并记在心里就可以了。比如，孩子吃饭时坐姿不正确或勺子拿的方式不对，现场矫正，孩子就会觉得自己没有做好，更要避免一边矫正一边生气，如果父母一边生气一边矫正，孩子内心是焦虑和恐惧的，慢慢地就会对做这件事情产生抵触心理。父母记住了孩子没做好的方面，下次吃饭之前可以重点提出这几项要求。因为不是吃饭现场，孩子在得到认可的前提下自然就乐意接受。

◆ **正面强化**

著名心理学家斯金纳提出了行为心理学中的一个重要的概念叫正面强化，即在培养孩子习惯的过程中不断使用认可、肯定等正面强化的方式，孩子内心就会产生愉悦的情绪，良好的习惯就会不断重复并得以巩固。而负面强化是对孩子负面行为的一种强化，会让人产生不好的内心体验，对事情本身产生抵触，一旦建立起条件反射，改变起来就不容易了。

除了负面情绪是一种负面强化方式，经常使用的"不"字也是一种负强化方式，因为人的潜意识是不能识别"不"这个字的，比如，"不要想一头粉红色的大象"。当我们看到这句话时，头脑里就会立刻浮现出一头粉红色的大象。所以，要想培养孩子的习惯，就不要说"不要把饭菜弄得到处都是""不要在书本上乱涂乱画""上课时不要东张西望""不要紧张"等，而是全部用正面的语言说"要把饭菜吃得干干净净""要保持书本清洁""上课要认真听讲""要放松"等。

嘉嘉是一个瘦弱的女孩，今年刚上小学一年级，妈妈带过来时，她的右手指甲都已经被啃短了，有的甚至已经嵌到了手指肉里。妈妈呵斥过她，也用药水抹过指甲，还跟她讲过道理，跟她说了无数次"不要啃指甲"，但都毫无用处，说得越多孩子越控制不了。

显然，嘉嘉啃指甲的行为已经被负面强化，很难忘记这种行为带给她的感觉，会忍不住地重复啃指甲的行为。

我跟妈妈一起分析了孩子啃指甲背后的原因，即家庭环境导致的焦虑情绪，将焦虑情绪这个原因消除掉，不断运用正面强化，孩子就不再啃指甲了。

◆ 耐心坚持

习惯是指积久养成的生活方式，不是一天两天形成的，需要不断重复，需要父母的耐心。就像孩子刚开始学走路时，父母对孩子很快就会走路是有信心的，内心充满了期待和耐心。而习惯的形成同样需要这样的期待和耐心。这对父母是一个考验。只要我们对孩子有无限的爱，内心就一定能充满力量。确定一个培养孩子良好习惯的目标，并感受孩子习惯越来越好的成果，就可以持续地坚持下去。

其他习惯的培养，流程都没什么太大的差别，仅习惯培养的要求不同，比如，培养孩子学习的习惯，具体流程是：提前准备学习物品和做好心理准备；提出关于学习方面的要求，比如听讲、记笔记、做作业、检查作业、考试等；让孩子按照要求说到做到，孩子没有做到的，父母在旁边观察记录，下次学习之前再提出来；用正面强化的方法培养，避免负面强化；坚持21天以上。

8. 如何培养孩子的人格素质

人格素质，是一个人的立身之本，也是实现成功和卓越的"翅膀"。享誉世界的哈佛大学给学生上的第一课便是如何做人，只有具备了优良的人格素质，比如自信、勇敢、坚强、坚持、诚信、感恩等，才能创造出成功卓越的人生，实现自己的人生价值。

可是，孩子的人格素质并不是随着年龄的增长而自然具备的，也不是通过说教让孩子拥有的，需要父母将这些人格素质渗透在日常生活中，用具体方法去培养。

◆ 自信

自卑是心理上的一种缺陷，会阻碍孩子的进步；而自信是成功的第一秘诀，也是一个人成功的驱动力。孩子的自信，一定不是父母通过说教培养出来的；自信的孩子，是在充满认同感的家庭里成长起来的。

晓梅是一个大学二年级的女孩，寒假时小心翼翼地叩开了心理咨询中心的大门。她患上了严重的对视恐惧症，拘谨地坐在咨询室的沙发上，不敢抬头看咨询师。通过沟通，我了解了她的成长经历。

晓梅出生在鲁东南的农村，父母在老家做小生意，她是家里的第三个女孩。父母本来想要一个儿子，但晓梅依然是女孩。父母重男轻女思想严重，经常对三个孩子否定和打击，晓梅几乎从来没有得到过父母的表扬和鼓励，即使每次考试成绩都是班级前三名。

她清晰地记得，在她10岁时有一次妈妈无意中说晓梅长着一对水泡眼，她就不敢跟人正面对视了，再也没有自信过。

自信并非自然产生的，需要在孩子成长过程中培养，用指责否定的方式打击孩子，平时对孩子没有认同感，孩子的自信心就很难建立起来。培养孩子的自信，就要着重以下几个方面的培养。

首先是多认同孩子。在孩子的成长过程中，父母就像孩子的一面镜子，是靠父母的评价来认识自己，父母多通过表扬和鼓励等方式认同孩子，他们就会感受到被肯定，自我认同感就会提高，动力自然会被激发，自信心就会被培养起来。再弱的孩子也有优点，父母要不断找到孩子身上的闪光点，及时给予肯定和鼓励。在培训中我有时候会让父母罗列一下孩子的优缺点，很多父母在罗列孩子的缺点时能一口气列出二十多项，在列优点时无论怎么苦思冥想也罗列不出几条，这并不是孩子真的不优秀，而是父母将自己的焦点都集中在了孩子的缺点上，很难认同孩子。

其次，关注孩子的特长并提供施展特长的舞台。每个孩子都有自己区别于别的孩子的优势，只有放大这个优势，才能增强孩子在这方面的自信心，自信心也会慢慢正迁移到其他方面。比如，孩子的长跑比别的孩子有优势，在学习方面却自信心不够，父母可以帮助孩子突出长跑的优势，并给孩子提供施展这项特长的舞台，利用运动会等机会，让孩子获得自我认同，自信心提高了，就会正迁移到学习中。

还可以多跟孩子分享在逆境中取得成功的事例。

德国天才哲学家尼采出生于勒肯的一个牧师之家，自幼性情孤僻，多愁善感，又矮又瘦，纤弱的身体让他有一种自卑感。他曾追求过一个美丽的姑娘，但因为太笨拙，没有成功，这使他更加自卑。因此，为了弥补自己内心深处的自卑，他一生都在追寻一种强有力的人生哲学。

中央电视台著名节目主持人白岩松，年轻时也非常自卑。他从一个北方小镇考进了北京的大学，上学的第一天，邻桌女同学说的第一句话就是："你从哪里来？"而这个问题正是他最忌讳的，因为在他的逻辑里，出生于小城，就意味着没见过世面。因为这个女同学的问话，使他一个学期都不敢跟女同学说话。很长一段时间，自卑的阴影都占据着他的心灵。为了掩饰自己的自卑心理，每次照相，他都要下意识地戴上一副大墨镜。

◆独立

英国心理学家希尔维亚·克莱尔说,"世界上所有的爱都以聚合为最终目的,只有一种爱是以分离为目的,那就是父母对孩子的爱。"父母真正成功的爱,就是让孩子尽早作为一个独立的个体从父母的生命中分离出去,以独立的人格,面对他自己的世界。

所谓独立,通俗地说就是"一个人独自做事情""一个人面对一些场景""一个人面对一些人"。父母内心有一种恐惧感,害怕孩子不能照顾好自己,包办一切,过度保护,孩子就会失去独立的能力。

新新是初中一年级的女孩,妈妈带她来咨询中心时,她有些胆小,躲在妈妈身后。通过妈妈的介绍,我了解了孩子在学校的基本情况。

在学校,孩子不管做什么事都是畏畏缩缩的。放学后打扫卫生,她不会拖地,同学都不太愿意跟她一个小组;上体育课跳高时,吓得哇哇大哭。当我要求妈妈离开需要单独跟新新沟通时,新新执意要妈妈陪着她才行。

新新是个独生女,家庭条件很好,爷爷奶奶、外公外婆和爸爸妈妈都对她百般宠爱、万般呵护。妈妈和姥姥轮流照顾她,不仅在饮食上照顾得无微不至,还会提前准备好每天穿的衣服。他们不让新新做任何家务,上学和放学都是爸妈开车接送,帮着背书包,系鞋带,递水杯,身体稍有点不舒服,全家人就会特别紧张,立刻去医院……

独立是一种良好的人格品质,从小没有培养孩子的独立性,孩子就很难建立自信,做事情难以达到成功的目标,这样的孩子也会对身边的人形成控制。所以，在孩子很小的时候就要将独立意识渗透在孩子的生活中。

首先，父母要放下内心的焦虑。在做心理咨询个案的过程中，我发现父母对孩子不够独立的情况非常焦虑，都会说因为孩子自己不去做也做不好才不得不帮着去完成。小时候刚开始学走路就担心磕碰着孩子，后来害怕饿着孩子，或者没有营养，担心孩子自己坐车会碰到坏人，害怕起床晚了会迟到……父母内心有这样的害怕和担心，行为上就会包办孩子所有的一切，而这个过程也是剥夺孩子选择权的过程，孩子只能按照父母设置好的没有任何障碍的路往前走；孩子渐渐成长，当父母无法再包办时，孩子内心就会充满了不安，面对人际关系、场景和事件也会束手无策。

其次，父母可藏起一半爱。研究发现，孩子离不开父母、不能独立时，很可能是在孩子小时候父母离不开孩子导致的。比如，有的家庭中有一方缺失，孩子成了另一方的精神寄托；有的家庭只有一个孩子，所有人的爱都给了孩子，过度关注孩子，整个家庭都离不开孩子。

最后，让孩子在团体中发展独立性。随着年龄的增长，孩子会慢慢参与一些团体活动，只能独立地面对团体里的人、事和场景。父母要慢慢放手，从幼儿园开始就学会跟孩子分离；到了小学和中学，父母要跟老师建立联系，让老师帮助培养孩子的独立品质。因为，一旦孩子离开父母、进入学校等团体，就不得不独自面对人际关系、处理事情和面对场景，因此一定不能把孩子一直都保护在身边。

◆ 乐观

乐观，字面意思是"快乐地看"，是一种积极的心态。一个人的成功，不仅仅是因为他的能力，更要看他在逆境中能否积极乐观地看待周围的事物和找到改变逆境的方法。

每个人的一生都会充满挫折和磨难，面对人生的挫折和磨难，只有保持积极的心态，才能在乐观中继续走向成功。父母培养了孩子乐观的素质，就像在孩子的人生中注入了智慧的能量，即使在逆境中，孩子也能拥有积极的心态，最终获得成功的人生。

首先，培养孩子快乐的心境。追求快乐逃避痛苦，是一个人活在世界上的最基本的心理诉求。为孩子营造快乐和谐的家庭氛围，在这种快乐和谐的氛围里，孩子就会拥有极大的安全感，塑造乐观的人格。家庭氛围主要靠夫妻双方来营造，良好的夫妻关系是培养孩子乐观人格的最基本保障。

其次，培养孩子积极的心态。要想培养积极的孩子，父母就要不断地表扬、鼓励和支持他，赋予孩子良好的期望。

在古希腊，流传着这样一个美丽的神话故事：塞浦路斯国王皮格马利翁性情孤僻，常年一人独居。他善于雕刻，孤寂中用象牙雕刻了一尊理想中的美女像，长久依伴，爱不释手，整天含情脉脉地注视着她，并产生了爱慕之情。他的这一举动感动了爱神，爱神使用法术，让这尊美女雕像活了起来，并做了皮格马利翁的妻子。

受到这个故事的启发，美国心理学家罗森塔尔思考了一个问题：用期望的眼神看着一尊雕像，可以让它变成一个人，用期望的眼神看着一个人，会产生什么结果？于是，他创造了一个心理学场景：

他来到一所小学，从1~6年级各随机选了3个班，煞有介事地进行了一次"未来发展趋势测验"，然后以赞赏的口吻将一份"最有发展前途者"的名单交给校方，声称这些学生都有很高的天赋，只不过尚未在学习中表现出来，并叮嘱务必要保密，以免影响实验的正确性。

其实，他们撒了一个"权威性谎言"，因为名单上的学生都是随机挑选出来的。每位老师都带着好奇心看待这些学生，他们本来觉得这些学生都很普通，可是心理学家说的话很权威且不容置疑，于是每天上课时他们都会对这些孩子格外关注：用欣赏的眼光看着他们，用手拍拍他们的肩膀，不时地表扬和鼓励他们，跟他们交流和互动……

8个月后，罗森塔尔再次来到这所学校，他惊喜地发现，这部分学生的进步果然超过了其他人，各方面都表现得很优秀。再后来，这些人都在不同的岗位上干出了非凡的成绩。

这个著名的心理学实验结果叫期望效应，也叫罗森塔尔效应，从科学角度证明了表扬、鼓励、支持和期望是一种心理的"强心剂"，会使孩子拥有积极的心态，在逆境中能够保持前进的动力。

最后，引导孩子用正确的观念面对挫折。面对困难，抱有负面的观念，孩子就会变得悲观起来。正确的观念是，面对困难和挫折时，要主动找到解决问题的方法。比如孩子生病要打针，父母可以告诉他们如何面对这件事，例如用倒数数字的方法从10数到1，当数到1时就不疼了；可以像解放军叔叔一样咬紧牙关坚持一下；也可以让孩子想些方法。

9. 如何正确使用表扬和鼓励

表扬和鼓励是每个父母最常用的教育方法，因为表扬和鼓励是孩子成长过程中的必需，就像小树需要水的浇灌。但是这两个方法又很容易混淆和用错，用错了还会带来很多负面效果。

表扬和鼓励可以对孩子的成长发挥怎样的作用呢？

激发孩子的动力：对于一辆汽车来说，最重要的部分是它的动力系统，再豪华的装饰也只能是动力系统的衬托。如果孩子做事没有动力，就难以有所成就，而激发孩子动力的最基本的方法就是表扬和鼓励。

人类行为学家约翰·杜威曾说："人类本质里最深远的驱策力就是希望具有重要性，希望被赞美。"每个人都希望被赞美，在心理学意义上源自个体渴望被尊重、被认可的精神需求。一旦这种精神需求被满足，人就会充满动力。但现实情况是，我们对那些动力很强的表现优秀的孩子禁不住表扬和鼓励，反而对那些动力不足的表现不那么优秀的孩子容易使用批评和指责。

增加孩子的自信：一个人的成功离不开表扬和鼓励，当父母用表扬和鼓励对孩子正面评价时，孩子内心的成就感就得到了满足。而成就感是一个人基本的心理需求，成就感得到了满足，内心就是快乐的，自然就增加了孩子的自信心。反之，父母经常用批评和指责的方式，就是对孩子内心成就感的打压和否定，孩子在内心自然就会比较失落。因此，经常对孩子使用表扬和鼓励可以让孩子越来越自信。

促进亲子关系和谐：孩子希望得到认可和肯定，父母适时进行表扬和鼓励，满足了孩子内心的需求，家庭氛围就会变得宽松和愉悦，亲子关系自然会变得和谐。良好的亲子关系是教育的前提和基础，没有良好的亲子关系，孩子的内心就是封闭的。我做过太多这样的个案，父母要么对孩子动辄打骂，害怕问题矫正不过来孩子未来就糟糕了；要么对孩子取得的成就置之不理，害怕表扬和鼓励之后孩子会骄傲。这些方式导致亲子关系越来越疏远。

提高孩子的心理健康水平："爱是施与受的艺术"，父母施予孩子的爱，孩子内心能深切地感受到，这个爱的关系就是成立的。如果父母施予孩子的爱，孩子的内心感受是一种控制，这种爱的关系就是不成立的。父母对孩子的称赞和鼓励，是一种爱的流动，正如人类行为学家约翰·杜威所说："被认可和肯定是孩子的天性，他们自然就会接收到父母爱的能量。"这是一种最直接的安全感和成就感，而这种感觉是孩子心理健康的最基本前提。从小就被否定和打压的孩子，从小就生活在苛求和严厉家庭里的孩子，长大后很容易出现自卑、退缩、仇视、敏感多疑等痛苦的心理状态，甚至产生抑郁、焦虑、强迫等各种心理障碍。在日常的心理咨询中，不管是孩子还是成年人，这种痛苦的心理咨询案例实在数不胜数，如果当初父母对孩子多一些称赞和鼓励，孩子的身心就会更健康，亲子关系也更和谐。

培养孩子勇敢的人格素质：勇敢的人格素质，是在孩子面对困难时培养起来的。在孩子成长过程中会遇到各种各样的困难和挫折，父母不要刻意充当"保护器"的角色。比如，孩子接种疫苗打针时，做作业遇到难题时，跟同学关系出现隔阂时，做事能力受到挑战时，只要事前坚定地对孩子说："去试一下，爸爸妈妈相信你！"孩子立刻就会被父母激发出一种力量，勇敢地去尝试。在尝试的过程中父母要继续给孩子加油："你已经非常努力了，再坚持一下会更好！"如此，孩子就会继续勇于往前。事后不论出现什么样的结果都告诉孩子："结果不重要，重要的是在这个过程中你体验到了什么，收获了什么。"今后再面对这些困难和挫折时，孩子都会勇敢地去面对。

激发孩子的潜能：表扬和鼓励会为孩子提供安全的氛围，在放松和愉悦的环境里，孩子的专注力、观察力、记忆力、思维力和想象力都能得到最大程度的开发。孩子的潜意识是开放的，也会激发孩子的灵感。一个经常被表扬和鼓励的孩子，整个情绪状态是愉悦的，潜意识会处于开放状态，更能提高学习效率，激发灵感，潜能能被充分挖掘出来。

那么，表扬和鼓励又有什么区别呢？

效果不同：表扬是对孩子做事结果的正面评价，但鼓励则可存在于孩子做事的事前、事中和事后。孩子做事的结果有好有坏，如果结果是坏的，就难以获得表扬带来的效果，但鼓励因为存在事前、事中和事后，不管最终结果如何，都可以获得很多的动力等效果。

来源不同：表扬的评价主体不是孩子，而是评价孩子的父母、老师等成年人，只有孩子的行为达到了成年人的标准，之后才会得到表扬。如果孩子的父母是严苛型的，即使孩子表现得很棒，也难以得到正面评价。因此，孩子的这份动力来源是外在的，取决于成年人的标准。而鼓励的效果更多地来源于孩子自己，在事前鼓励孩子，孩子就会有勇气去做事情，孩子获得的感受、体验和收获，以及事后的分享都会激发孩子内在的动力。因此，使用表扬手段时，效果更多地来自外在的成年人，而长期使用鼓励，就会从孩子的感受、体验、收获和分享中激发出内在动力。

惠媛是一个很优秀的13岁女孩，最近因为压力过大导致成绩下滑、失眠、情绪易怒，她请假在家，不想再去上学。

惠媛妈是一位初中英语老师，教孩子的邻班，对惠媛的要求很严格，每次考试必须前3名，跌出前3名就会被批评，因为妈妈觉得自己是老师，老师的孩子成绩不优秀是很丢脸的事情。显然，对一般的父母来说，惠媛的成绩已经很不错了，可是妈妈的评判标准是班级前3名才算正常，甚至惠媛得了前3名也不会得到表扬。在这种严苛的教养模式下，惠媛自然就容易出现一些心理问题。

结果不同：表扬的标准取决于孩子之外的成年人，孩子可能会为了得到好的评价而顺从讨好成年人。因为表扬是对结果的评价，长期使用表扬，会导致孩子过于注重结果害怕失败，过度在乎别人的评价甚至结果不理想就会推卸责任的结果。鼓励带来的结果是孩子的勇气被激发，愿意尝试和接受不完美的结果，获得更多的自信和动力，并且愿意为出现的结果承担责任。

那么，如何正确使用表扬和鼓励呢？

少表扬，多鼓励：表扬和鼓励是两个完全不同的方法，有共性，但更多的是区别。过度表扬会让孩子成为一个顺从、讨好的外求型的人，过度注重结果和别人的评价，而这些评判标准掌握在别人手中，当外在的这些表扬越来越少时，孩子就会慢慢丧失信心，自我否定。而鼓励是挖掘孩子的内在动力，更能激发孩子尝试的勇气，进而发现自己的价值，自我正向评价，父母要多用鼓励。当然，少表扬并不是不再使用表扬，而是有限度地使用，在下面这几种情况下可以使用：

第一，胆小、退缩、被动的逃避型的孩子需要被认同。表扬可以给孩子增加主动的动力。在生活和学习中，这种类型的孩子不敢主动跟人交流，上课不会积极发言，参加活动时不合群独自躲在旁边。只要一句："不错，你已经进步很大了！"孩子就会有动力继续努力。

第二，缺点比较多的孩子需要被表扬。关注点在哪里，孩子的能量就在哪里，当父母表扬孩子优点时，优点就会被正面强化，他的优点就会越来越多；当父母关注孩子的缺点时，父母就会禁不住否定甚至打击孩子，孩子的缺点就会越来越多。缺点较多的孩子恰恰最需要被表扬，而现实中成年人却把表扬给了优点多的、表现优秀的孩子。

第三，不受欢迎的孩子需要被表扬。不受欢迎的孩子内心的天空是灰色的，他们渴望得到身边人的认可和肯定，当这些需求得不到满足时，就会用各种"症状"来引起别人的关注，因为只有表现这些"症状"时，父母或老师才会注意到他，才会用制止、批评或惩罚等方式把焦点聚集到孩子身上。而那一刻当身边人的目光转向他时，他就被"关注"了，只不过，他并不知道这是一种错误的引起别人关注的方式。

曾有一位教小学二年级的老师说，她们班里有个男孩特别难"管理"。他是班里最不受欢迎的学生，也是成年人眼中的"问题孩子"，学习成绩不好，上课从不举手发言，有时还在课堂上捣乱，老师只能把他的座位调到最后排的角落。

这样的孩子一般不仅在学校不受同学老师的喜欢，在家庭里也容易不受待见。

听完我的课之后，这位老师回去不仅跟孩子父母做了沟通，还跟这个孩子私下里单独聊了几次，他告诉孩子："以后上课时，不论老师的问题你会不会回答都要举手，只不过会回答时举左手，不会回答时举右手。"

此后，这个老师慢慢观察这个孩子，多数时间他都是勉强地举右手，直到有一次老师看到孩子高高地举起了左手，就立刻请他站起来回答问题，孩子的回答完全正确，老师立刻给了孩子最真诚的表扬，并让大家为他鼓掌。

她感觉到，有一股自信和感动的力量闪过孩子的眼睛。

从此以后，这个孩子举左手的次数越来越多，加上父母的改变，这个孩子变得越来越优秀，到后来还竞选做了班干部。我真心为这位有爱心有智慧的老师点赞。

第四，有弱势的孩子需要被表扬。

上高中时，我最不喜欢写作文，常常整堂课写不出几个字来，每次都不能按时完成老师布置的作业。直到有一次老师布置的一篇作文正好我有一些灵感，写了一篇质量较高的作文，受到了老师的表扬，并当成范文来读，那一刻，我觉得有一股巨大的力量穿透了我的身体，从此以后我就喜欢上了写作，后来我在各媒体报纸杂志发表了大量作品，也开始出版自己的书籍。

案例中,"我"的写作动力之所以能被激发,仅仅是因为老师的一句表扬。不管是老师还是父母,给孩子的一句表扬,有时可以改变一个弱势孩子的一生。

第五,培养习惯时需要被表扬。比如,培养孩子懂礼貌的习惯,路上遇到邻里的老人就叫"爷爷、奶奶好"时,及时地表扬孩子的行为,孩子就会觉得懂礼貌是对的。用表扬不断强化,孩子懂礼貌的习惯就会培养起来。

不要过度用物质表扬:现在生活条件提高了,满足孩子的物质需要已经不是什么困难的事情,父母用物质过度表扬孩子,会造成一定的负面后果。物质表扬这个方法看似短时间内有效,比如孩子成绩达到多少名次,父母就会给孩子买什么玩具或电子产品,或奖励多少钱,孩子也就有了学习的力量。但随着时间的推移,孩子的兴趣开始转移,本来喜欢学习带来的充实感,慢慢地就会把焦点转移到自己喜欢的玩具、电子产品或金钱等物质需要上,而不再聚焦在喜欢学习本身这件事上,最终刺激孩子对物质的欲望越来越大。

不要用表扬控制孩子:表扬是事情结束了以后对结果的评价,如果事情还没结束就提前表扬孩子,会导致孩子内心情绪的压抑,这就是利用表扬对孩子的一种控制。比如,孩子很小时,父母为了让孩子主动到楼下倒垃圾,会提前表扬说:"我儿子太棒了,晚上都能独自去帮爸妈倒垃圾,真是太勇敢了!"孩子被提前戴了"高帽子",他会认为勇敢的孩子是不能怕黑的,真正出门以后内心会充满恐惧,但因为提前被戴了"高帽子",既不能说也不能退缩,就会压抑内心的恐惧。

10. 如何开展生命教育

"生命教育"的概念最早由美国学者杰唐纳·华特士在 1968 年提出。因为生命教育相对其他教育内容要深刻，并被教育模式左右，导致该课题成了教育的盲点，也容易被父母忽略。今天，就让我们一起补上这堂课。

生命教育，就是大人和孩子之间的互动和影响，也就是生命和生命之间的互动和影响，是教育里面不可或缺的内容。

我是一名心理咨询师和亲子教育培训师，接触到的成年人或孩子遇到的问题可能都比较棘手或比较深刻，这些问题会极大地困扰他们，比如亲子关系、夫妻关系、职场关系等，还有抑郁、焦虑、强迫等心理问题，或生老病死、爱恨情仇、悲欢离合等问题。这些问题，除了求助的来访者，每个人在生命的每个阶段都需要去面对、体验和思考。在我们跟孩子的互动过程中，如果父母自己都搞不清楚这些问题，不仅自己会越来越迷茫，也没办法跟孩子互动。

◆ 认识生命

父母是一个生命，孩子也是一个生命，而每个生命都是由生理作为基础的。生理是"看得见摸得着"的、可以用指标来衡量的，比如身高、体重、血压等，这就要求父母注重孩子养育方面的知识。

作为父母，首先要保证孩子的生理的健康和安全。比如，为了保证身体健康，平时要注重饮食和睡眠，要引导孩子多锻炼身体预防疾病，让孩子了解青春期性知识，外出如何注意安全，告诫孩子如何过马路，如何防溺水，教孩子学会遇到特殊情况如何生存，遇到危险时如何求助和自保等。因为长期生命教育的缺失，对身体健康、生命宝贵、性知识等产生了误区，很可能会发生令人扼腕叹息的事件。

某初中一年级女生误入一款暴力游戏软件，仿照游戏中特殊的自杀方式结束了年仅13岁的生命。

某学校一名高三学生，因为同学在篮球场上抢了他的风头，用尖锐的刀具将同学捅成了重伤。

一名初三男生因为性知识的匮乏，自慰之后产生了强烈的自责，引发了巨大的内心冲突，之后又产生了强烈的恐惧，最终发展成了强迫症，不得不退学。

如果说生理是"看得见、摸得着"的，那么心理就容易被忽略，而心理恰恰是一个人生命的基本元素。心理的基本组成部分包括认知水平、情绪情感和意志力品质，父母要引导孩子提高认知水平，避免认知陷入极端、"非黑即白"等误区。也要教孩子学会情绪管理，提高孩子的意志力品质。父母在孩子的心理方面最容易存在误区。比如，孩子感冒发烧，父母会在第一时间带孩子去医院检查或治疗，但是当孩子出现了情绪低落、焦虑甚至更严重的心理障碍时，却被当成"矫情""懒惰"或"精神病"来对待，给孩子造成很大的心理创伤。我经常会接待抑郁、焦虑等有心理困惑的孩子，这些孩子大多是他们自己主动提出来要找咨询师，父母却认为孩子没有任何问题，不想让孩子去咨询。

◆生命教育

开展生命教育，就是用父母的生命去影响孩子的生命。要进行生命教育，父母首先要对生命有一个深刻的理解和把握。

要想跟孩子之间建立良好的亲子关系，可以找个合适的时间跟孩子聊聊天、谈谈话，谈某一个方面的主题。比如，爸爸跟儿子谈青春期话题，妈妈跟女儿谈情感话题……当然，谈话时最好不要以"教育"的语气，要打开内心以"分享"的方式，用父母自己的经历、经验和教训，自己的认知等，引导孩子进行深入探讨。

当然，交谈的内容还包括针对突发事件或创伤性事件。很多父母都很避讳这些问题，而这些内容又可能对孩子产生很大的困惑。

我曾经做过一个案例，就遇到了这样的问题。

一个原本幸福的家庭，突遇车祸，夺去了爸爸的生命，妈妈整日以泪洗面，不得不辞掉了工作，女儿沉浸在痛苦中不再上学，母女俩无法接受生命的"无常"，十年没走出这段痛苦。

她们俩无法接纳生命的"无常"现象，我感受到她们痛苦的同时，也惋惜这十年的时光里她们无法深刻理解"无常"。无常，即没有恒常不变的事物，一切都是在变化的，而无常恰恰是生命的常态。

在我的工作坊中，我会告诉家长用书信的方式跟孩子分享生命教育，如果无法用口头语言表达，就用书信的方式传递给孩子。书信是很有魔力的。我记得自己在十几岁的青春期，还没有现在的通信手段。那是一个

"车马很慢，书信很远"的时代，跟亲朋好友联系都靠书信来往，每天内心都充满了期待，保卫室里的那封写着自己名字的书信就是每一周最大的欣慰。

虽然现在出现了很多快捷的通信手段，但这种"快餐式"的交流和沟通缺乏深刻的情感互动和理性表达，每天很少有人会用心去写一段文字。当父母夜深人静独自坐在台灯下，铺展开信纸给孩子写封书信时，既理性又充满对孩子的爱。

◆ **生命的价值和意义**

这里有一首诗，很好地诠释了生命的价值和意义，摘录分享给大家，各位父母也可以分享给你的孩子。

不管你是否准备好，有一天一切都会结束

不再有旭日东升，不再有灿烂白昼，不再有一分一秒的光阴

你所收藏的一切，不论是弥足珍贵的还是已经忘记的都将留给别人

你的财富、名望和世俗的权利，都将变成细枝末节的事情

不管你拥有的还是亏欠的，都不再重要

你的嫉恨、冤仇、挫败和妒忌之心终将消失

同样，你的希望、雄心、计划和未竟之事都将终止

曾经无比重要的成败得失也将褪色

你来自哪里，用什么方式生活都不重要了

你是美貌如花还是才华横溢也不重要了

你的性别、肤色、种族都无关紧要了

那么，什么变得重要了呢

你有生之日的价值怎么来衡量呢？重要的不是你所买到的，而是你所创造的

重要的不是你所学到的，而是你所传授的

重要的不是你所得到的，而是你所付出的

重要的不是你的能力，而是你的品质

重要的不是你的记忆，而是爱你的人的记忆

重要的不是你认识多少人，而是在你离开的时候有多少人会怀念你

重要的是谁在怀念你，为什么要怀念你，所怀念的时间有多长

我们的一生不是因偶然因事件因环境而有意义

而是因选择

因我们自己的选择而让生命有意义

中篇
为孩子的成长赋能

11. 孩子撒谎怎么办

度度是个9岁的男孩,上小学三年级,最近几个月,因为总是撒谎被妈妈带来心理咨询中心。

度度是一个活泼开朗的孩子,但态度不认真,学习不努力,成绩在班里处于中游水平。最近,老师反映度度不交作业,老师问他为什么不交,他每次都说作业落在家里了。

妈妈检查书包时,发现度度其实把作业带去学校了,只是没有做完。妈妈问他,他谎称老师没有布置作业。

还有好几次,老师发现度度模仿妈妈的笔迹在作业本上签字,妈妈还被叫到学校谈话。为了杜绝度度的撒谎行为,妈妈揍了他好多次,但他还是改不过来。

显然,度度的做法是一种撒谎行为。孩子偶尔一次两次撒谎,并不会产生很大的影响,可是一旦养成了撒谎的习惯,就不容易改变,这就为孩子长大后犯错埋下了隐患。

孩子身上出现撒谎的问题,是一种结果,如果想解决这个结果,就必须找到撒谎的原因,然后制定解决方案。孩子之所以会撒谎,主要原因还是在父母身上,这是我们在教育中最基本的心态。不从父母身上找原因,直接针对孩子撒谎的结果批评、指责、威胁甚至打骂孩子，不仅解决不了问题，反而还会使撒谎的行为变得更加严重。

生活中，什么样的孩子会撒谎？

被剥夺权利的孩子会撒谎。父母觉得孩子还小，没有给孩子选择权，为了争取自己的权利，孩子会撒谎。比如，孩子有消费的权利，到了一定的年龄，孩子没有零花钱，买任何自己喜欢的东西都要征得父母的同意，看到别的孩子自己买零食或玩具等，孩子可能就会撒谎。案例中的度度，平时作业都是妈妈安排，妈妈要求他必须做完作业才可以看电视、做完妈妈额外布置的作业才可以睡觉、每天9点前必须做完作业等，一切都由妈妈安排，孩子没有自主选择权。被剥夺权利的孩子撒谎，内心可能会有下面的潜台词：

爸爸妈妈，如果我不骗你们，你们会给我零花钱吗？

如果我不撒谎，我能买到我自己喜欢的玩具吗？

如果我不撒谎，你们会好好疼爱我，而不是按照你们的意愿让我无休止地做作业吗？

不能满足心理需求的孩子会撒谎。做心理咨询个案时，我经常会遇到寄宿制学校的孩子撒谎的现象，比如，孩子会谎称头疼、牙疼或肚子疼等而离开学校，当父母带孩子去医院检查时却任何症状都检查不出来。孩子撒谎背后是内心需求没有得到关注，比如，寄宿制学校的孩子平时得不到父母的关注和支持，孩子平时孤单，有很多心里话却没人倾听，或者受了委屈也得不到安慰。这些需求得不到满足，孩子就会谎称生病离开学校。

不能满足心理需求的孩子撒谎，内心可能会出现下面的潜台词：

爸爸妈妈，如果我生病了可以让你们多爱我一点，那我就假装生病，最好假装那些到医院也检查不出来的病。纵然我说了谎话但是你们能第一时间关心我，也是值得的。

被严厉管教或者惩罚的孩子会撒谎。"追求快乐，逃避痛苦"是一种心理学规律，被严厉管教或惩罚是一种痛苦的体验，为了逃避这种体验，孩子会撒谎。比如，度度妈管教相对严苛，孩子做不好，就要被惩罚，为了保护自己，孩子只能通过撒谎的方法逃避。被严厉管教或惩罚的孩子撒谎，内心可能会有下面的潜台词：

爸爸妈妈，如果你们答应我从此不再这样严厉地对待我，不再用打骂或者不让我吃饭等惩罚我，我就没有必要再说谎，如果我说真话却遭到了一顿批评甚至毒打，我那么聪明，我还是说谎吧。

找到原因，针对孩子撒谎的现象，就可以采取一定的方案来解决了。

◆父母稳定住自己的情绪

发现孩子撒谎后，父母的第一反应一般是生气，立刻想通过批评、指责甚至打骂等方式直接改变撒谎的结果。当父母的情绪变得糟糕，孩子的安全感就会受到破坏。孩子之所以撒谎，很多时候就是因为安全感被破坏造成的。因此，情绪不仅解决不了问题，反而还会使问题变得更糟糕。

◆ **理解孩子撒谎是一定有原因的**

说教、批评、指责甚至打骂，都会让孩子感到不舒服。孩子的内心是封闭的，只有理解接纳孩子的行为，孩子才愿意跟父母互动。

"儿子，妈妈知道你之所以撒谎一定有你的理由，我的孩子是不会无缘无故撒谎的。"

"女儿，当你没有做完作业却说自己经做完时，心里一定是特别害怕才这样说的，对不对？"

"孩子，你之所以说自己生病，一定是觉得自己在学校里特别孤单，会特别想念爸爸妈妈，可是又不能跟老师请假，才想到这个方法的，对吗？"

这些语言模式，都是父母站在孩子的角度说的，态度很好，是对孩子撒谎行为的理解和接纳。孩子听到这样的话，内心就是温暖的，当他们感受到父母的爱，情况才会改变。

◆ **从父母自己身上找到症结**

理解接纳是打开孩子内心的前提，父母站在孩子的角度看待问题，孩子就被理解了，加上父母平和的情绪，他会感觉到安全，内心就不再是封闭的，就会告诉父母当时为什么撒谎。

"妈妈，我看到别的小朋友都有零花钱，可以买很多好玩的玩具，他们都有零花钱的权利，我为什么没有这样的权利呢？"

"妈妈，我回家后很累，我也想快点做完，可是我做完老师布置的作业还有很多额外的作业，而且还有很多作业我不会做。"

"妈妈，我在学校里没有几个朋友，每天都很孤单，我想你每天晚上给我打一个电话。"

◆ 用语言表达感受，协商解决办法

不管是孩子的感受，还是父母的感受，都很重要，因为感受里藏着需求。比如，孩子说我在学校里很孤单，父母就会从孩子孤单的感受里立刻知道孩子需要陪伴；如果孩子说很累，父母就让孩子休息；如果孩子说忘记带作业时很害怕，就给孩子平和的情绪和足够的安慰……这些需求都是解决问题的法宝，可以跟孩子协商解决。

如果孩子因为没有零花钱的权利而撒谎，爸爸妈妈就要放权给孩子，定期定量地给孩子零花钱，建议每周固定时间，并提前约定好这些零花钱用来买什么、不能用来买什么。

如果平时父母对孩子关心太少，可以协商多久给孩子打一个电话、多长时间去学校见孩子一面。

如果是因为父母惩罚孩子，父母就要慢慢学会跟孩子平等地交流和沟通，学会尊重孩子。

当这些造成孩子撒谎的原因一个一个被解决掉时，孩子撒谎的结果也就自然消失了。

◆ 多用表扬和鼓励并坚持下去

孩子养成了撒谎的习惯，改变过程就不是一蹴而就的。矫正习惯的过程多用正面强化，可以通过表扬、鼓励等方式给孩子提供安全感。当然，在矫正过程中，孩子的撒谎行为还会反复，但父母要信任孩子。随着撒谎的次数越来越少，孩子最后就能变成一个诚实的孩子，这个过程更多考验的是父母的坚持。

12. 孩子挑食怎么办

思思是家里的独生女，今年10岁，正在上小学三年级。爸爸是一名会计师，十分宠爱她，对她在日常生活中提出的要求都尽量满足。妈妈是幼儿园的园长，工作很辛苦，没有足够的时间照顾思思。

妈妈最苦恼的事是女儿的挑食问题。

思思平时不吃苹果、蔬菜和鸡蛋等常见的食物，只喜欢吃西瓜、草莓、薯片、巧克力、冰激凌等食品，对肉类也特别挑，只喜欢吃一点牛肉，其他肉类几乎不吃，思思现在体重偏重，妈妈很焦虑。作为幼儿园的园长，她同样对幼儿园孩子的挑食、偏食等问题很担忧。

现实中，很多父母都在为孩子挑食的问题而苦恼。孩子不爱吃饭，挑食偏食，营养跟不上，就会严重影响孩子的身体发育和健康。父母会使用各种办法，比如分散孩子的注意力，让他不知不觉就吃了一口饭；提高自己的厨艺，做孩子喜欢吃的饭菜；听从医生的建议，给挑食的孩子额外增加营养等。有些有效果，有些收效甚微。

◆ **切勿夸大挑食的危害，找到替代食物**

孩子挑食是一个普遍现象，各种书籍或媒体对挑食的危害宣传较多，有的媒体甚至过度宣传危害性，让父母产生了极大的焦虑情绪，用各种负面强化的方式矫正孩子挑食的坏习惯。比如，唠叨甚至批评孩子，有的父母还会用威胁和惩罚的方式。

其实，根本就没必要对孩子的挑食过于啰唆。孩子挑食有时候也是阶段性的，因为孩子小时候味蕾很敏感，对某些食物不能很好地适应。父母希望孩子不挑食，是出于"想要孩子多吃有营养的东西，保持身体健康"的观念。

但是，世界上还有其他含有相同营养成分的食物，比如，讨厌胡萝卜的孩子，与其强迫他吃，倒不如让他吃一些营养成分与胡萝卜相同的食物。

给孩子推荐一些可以替代的食物，再好好解释其中的营养给他们听。总之，不要硬给孩子吃他们不爱吃的食物，而是让他们吃拥有同样营养成分的东西。如果孩子讨厌绿色叶类蔬菜，就换成西兰花、芦笋；如果不喜欢吃青椒，就给他吃青瓜或茄子……

父母转换一下思路，就可以找到替代食品。更重要的是，这样做时父母就会首先放下担忧和焦虑，以便更好地矫正孩子挑食的习惯。

◆找到饮食习惯中存在的问题

要想尽快解决问题，父母要找到孩子挑食的习惯中存在的原因和问题。比如，父母要自我反思，因为很多孩子挑食、偏食等都跟家庭饮食习惯有关。

专家曾对1000名母亲进行调查，结果发现，80%的母亲存在偏食，必然导致日常生活中家庭饮食结构存在偏差。

再比如，孩子认为"只吃喜欢的食物，不吃不喜欢的食物，对健康没有影响"；父母没有形成正确的饮食观念，认为孩子喜欢吃什么就是缺什么，就能补什么，从而导致了挑食、偏食等问题；父母溺爱娇惯孩子，不管孩子的要求是否合理，一概满足；不当的语言暗示，比如像"今天你想吃什么"意味着"不想吃的食物是可以不吃的，只吃喜欢吃的就行了"。

◆ **不可溺爱和娇惯**

溺爱娇惯型的教养方式，无限制地满足孩子的愿望，孩子就会根据自己的意愿和喜好吃饭，喜欢吃的就多吃，不喜欢吃的就不吃。父母在餐桌上关注孩子过多，出于疼爱，总把好吃的都留给孩子，把餐桌上的酸性食物如肉类等全部留给孩子，不仅会改变孩子的饮食结构，还容易使孩子养成只吃肉食、不吃蔬菜的不良习惯，影响孩子的身体发育。

还有一些父母，平时为了哄孩子开心或让孩子听话，会给孩子买一些零食等，结果孩子吃习惯了，就不爱吃饭了。而命令、批评、恐吓、惩罚等方式，会让孩子挑食、偏食的问题更加糟糕。

不管是溺爱娇惯，还是命令、批评、恐吓和惩罚，都反映了父母内心的恐惧情绪。以恐惧为出发点，会衍生出这些不良的教养方式；以爱为出发点，才是民主、平等、慈爱、理解、宽容等良好的教养方式。所以，父母首先要放下担忧和恐惧，使用正面强化的方式，让孩子轻松改变。

◆ **改变对食物的观念，不断肯定和鼓励**

不妨让我们来借鉴一下"潜能教育之父"老卡尔·维特在孩子饮食方面的教子之道。

老卡尔·维特认为，孩子饮食习惯不良，责任全在父母；孩子挑食、厌食、偏食、贪吃等多种毛病，都是父母溺爱和纵容下任性自私的表现。然而，不少父母在生活中没有丝毫悔悟，仍一味地满足孩子不合理的饮食要求，或诱骗孩子吃些所谓的营养食物。事实上，只要改变孩子对食物的观念，就能改变孩子不良的饮食习惯。

首先，要让孩子明白"粒粒皆辛苦"的道理。不是通过语言说教，而是去感受"汗滴禾下土"的滋味。父母可以和孩子一起种些蔬菜，从翻土到撒种，一直到等待开花、结果，让孩子产生对食物的尊重，然后告诉孩子有关营养的知识。平时要注意零食的控制，吃得太多，容易扰乱正常的进食规律，导致孩子对蔬菜等味觉清淡的食品提不起丝毫兴趣。

父母还应该明白"饥不择食"的道理，等孩子饿了再让孩子吃饭，也是矫正孩子挑食、偏食的方法。对于年龄大一点的孩子，不妨鼓励他在父母做饭时参与进来，给孩子讲解食物烹饪制作的过程以及各种食物的营养和功能，不仅会让孩子对食物和吃饭产生乐趣，同时也能激发孩子做家务的热情。

如果孩子不喜欢吃某一类食物，父母可以变换制作方法，比如，孩子不喜欢吃蔬菜，可以做成菜馅儿，与肉末包饺子或做混沌吃。从营养学的观点看，饺子和混沌是一种复合食物，含有多种人体必需营养，会让孩子去掉食物不好吃的记忆，高兴就餐，摆脱挑食、偏食等不良习惯。

在矫正孩子挑食的过程中，对于孩子表现出的任何一点进步父母都要及时给予肯定和鼓励；对进步不大的孩子，要以引导为主，结合奖励措施，加速饮食好习惯的形成。矫正挑食的坏习惯不能在吃饭的过程中进行，要在吃饭之前或吃完饭之后，否则容易形成对抗关系，导致吃饭时心情很糟糕。

事实证明，多数孩子不是因为生理原因造成的挑食，而是从一开始父母没有培养孩子的饮食习惯，只要父母放下担忧，找到造成孩子挑食的原因，再针对原因制订对策，就能矫正孩子挑食的问题。

13. 孩子胆小怎么办

彬彬9岁了，上小学三年级，妈妈说他平时很听话，但胆子特别小，自己的玩具被别的小伙伴抢走了也不会主动要回来，上课举手不积极，回答问题的声音特别小，家里来了客人他也不会主动打招呼，总是低着头，显得有些羞怯。妈妈多次批评他，也没有改变。

孩子胆小、不积极主动、退缩等现象，是孩子表现出来的一种外在结果。要想解决孩子身上存在的这些结果，父母最基本的心态就是要先找到导致外在结果的原因是什么。

在教育中有一个规律，叫因果律。因果律不是迷信，而是科学。比如"种瓜得瓜，种豆得豆"，大自然的奥秘告诉我们一定要遵循这些规律，遵循规律问题才能得到解决；违背了规律，就会事与愿违。

在很多心理咨询个案和课堂上，我发现父母最想直接改变结果。比如，孩子胆小，父母就会直接说教或批评他的胆小行为，甚至用讽刺、挖苦、打骂孩子。父母的出发点是想改变孩子胆小的结果，却不了解孩子胆小的原因。找不到导致孩子胆小的原因，就无法采取针对胆小的解决方法，反而导致孩子更加胆小。

同样，如果孩子突然不上学了，父母最直接的做法就是，想办法直接把孩子送回学校——通过说教甚至威逼利诱，或者请老师、亲朋好友来说服孩子去学校。找不到孩子不上学的原因，比如，跟老师、同学闹矛盾了，功课学不会产生了畏难情绪，亲子关系等不和谐等，就无法制订针对这些问题的解决方法，就无法改变孩子不去上学的结果。

彬彬胆小、不积极主动、退缩等外在表现是结果，那么原因是什么呢？案例中，胆小的彬彬还有听话、乖巧、退缩等表现，上篇第3节讲到有四种类型的孩子，彬彬则具备逃避型孩子的特点，听话、乖巧、退缩、懦弱，原因是父母对孩子的认同不够，缺少表扬、鼓励、嘉许等正面评价，喜欢采用批评、指责、否定等负面强化的方式。

彬彬的听话，在父母眼中是优点，实际上是"讨好"父母的一种表现，是孩子求生存的一种"委曲求全"的沟通模式。心理流派中有一种叫萨提亚模式，阐释了人们求生存的四种应对姿态：指责型、讨好型、超理智型和打岔型，这些应对姿态都是不同的表达方式，容易导致心理失衡。

找到了孩子胆小的原因，就可以制订具体方案了。

◆ 了解孩子的成长过程

孩子早年的成长经历会影响甚至决定他们的一生。孩子出现不良表现时，做心理咨询的过程中，心理咨询师一般都会去找到孩子的成长经历。如果孩子胆小，首先看孩子早年有没有跟父母长期分离，如果有长期分离，给孩子安全感和认同感的父母没在身边，孩子内心缺乏一种力量感，就会产生自卑、胆小、懦弱等心理特点。

如果在孩子小时候，因为种种原因导致与父母分离，父母也没必要后悔和自责，只要孩子还在身边，就可以做些弥补和努力，孩子的心理创伤是可以被修复的。父母可以利用正面管教的一种工具叫"特殊时光"，定时、定期、全身心地陪伴孩子，给予孩子安全感和认同感，比如陪孩子玩游戏、旅游、聊天等，多用鼓励等方式认同孩子的行为，孩子胆小的问题就会慢慢改善。

陪伴不仅在于时间的长短，更重要的是陪伴的质量，要让孩子觉得每个时刻都是被认可的、肯定的，都是温暖的。这些"特殊时光"的意义在于，修复孩子早年因分离导致的爱的缺失。如果孩子还有其他问题，父母一时找不到原因，就可以用这个方法试试。

◆ 找到父母教养模式的原因

容易导致孩子胆小的父母教养方式有以下几种：

命令型：命令型的父母总是主观地向孩子下达命令和要求，孩子只能被动地执行。这种教养方式给孩子的体验是不舒服的，对正在执行的事情会有不好的感受。

"不能看电视，快点去做作业，英语单词默写三遍！"

批评型：批评型的父母总是对孩子进行责怪、责问、讽刺挖苦，是对孩子做事情的结果进行负面评价，孩子后续很难积极主动地再去做这件事情。

"天天玩手机，也不知道学习，妈妈生病了都是被你气的，你就是个不懂事的孩子！"

比较型：总拿自己的孩子跟别人家的孩子比较，越在这种比较的环境里，孩子越没成就感。

"你看看你们班的萌萌，我跟她爸爸是同事，她就能进前三，你再看看你自己，啥也不是！"

恐吓型：对孩子警告、威胁、恐吓等，孩子就更不敢去做这件事情了。

"这次数学再考不及格，运动鞋别想再买了！"

质疑型：总是质疑孩子说的或做的跟事实或规则不一致，会打击孩子的信心。

"这次考试成绩是真实的吗？是不是抄袭了其他同学的答案？"

惩罚型：达不到父母的要求，对孩子进行心理或生理的惩罚，孩子内心就会逃避。

"说多少次了，又看电视，站到墙角去反思两个小时，今晚别吃饭了！"

在亲子教育的历程中，父母经常使用以上教养方式跟孩子互动，不仅会破坏孩子的安全感，也会破坏孩子的成就感，孩子的自我认同感就会很低。胆小、退缩、懦弱等逃避型的孩子，就是因为缺乏认同感。

◆ 多用表扬和鼓励，激发孩子的动力

胆小的孩子缺乏积极和勇敢的动力，要多给孩子表扬和鼓励。给孩子正面评价，就是给孩子增加向前的动力，不要使用批评、指责、抱怨等方式，那样会打压孩子的动力和积极性。所以，表扬、鼓励和正面强化等方式，尤其是鼓励，对增加孩子的动力有着显著的作用。父母轻轻地说一句"没关系，去试一下，爸爸妈妈相信你能行"，孩子的眼睛里就会闪过坚定和勇敢的神情。

◆ 创造成功的机会和分享成功的体验

孩子即使再胆小，也有优点，父母多给孩子创造成功的机会，孩子的自我认同感就会提高，获得的动力就会增加。孩子有了体验，就能做到分享。比如，孩子不敢在公共场合上台演讲，但父母一句鼓励的话，就能让孩子勇敢地尝试并成功一次，这次体验是孩子自己的，事后孩子就可以跟父母分享这次演讲带来的感受。分享的过程就是获得成就感的过程，随着成功机会和体验的增多，孩子也就慢慢变得不再胆小了。

我记得自己小时候在别人面前说话总会脸红，也不会积极主动地发言，后来我参加了一次只有十几个学员的体验课，在老师的鼓励下，我拿起话筒，勇敢地做了第一次分享。分享的过程中，我能感受到大家鼓励的眼神，也获得了大家的掌声，那种体验很奇妙，就像一股巨大的能量注入到身体里。

后来，我尝试着面对几个人、几十个人进行演讲，再到后来做了讲师，面对几百人的会场，也能应对自如。

实践越多，动力越足，父母要给孩子多创造实践的机会。

成功的机会越多，体验也就越多，孩子胆小的问题自然就会改变。

14. 孩子爱哭怎么办

当当8岁，特别爱哭，刚开始妈妈觉得可能是因为她是个女孩，后来发现大人说话语气稍微重一点，她就显得特别脆弱，哭起来就没完没了，有时候一天能哭上七八次，严重时还会撒泼打滚，声嘶力竭，闹得邻居都有些心烦。有时候，不合她的心意，达不到目的，当当也会哭闹。

刚开始，妈妈还会耐心地说教，后来就只能用呵斥、罚站甚至打骂的方式应对她了。结果，不仅没有解决问题，反而更严重了。

爱哭的孩子，时间久了，容易形成情绪化。生活中情绪化的孩子一般还会伴有脆弱、任性或害怕分离等特点，成为焦虑型的孩子。焦虑型的孩子，主要源自家庭教育方式的不当，不良情绪背后都是没有被满足的心理需求。尤其孩子早年时缺乏安全感，更容易造就焦虑型的孩子，如果父母无法接受孩子的这种心理，使用了不当的教养方式，更容易形成恶性循环。

安全感不足的原因，一种是父母和孩子过早分离，还有一种是即使孩子在父母身边，也采用了不良的教养方式，破坏了孩子的安全感，只不过很多父母没有意识到。

◆ **安抚孩子的情绪，了解情绪背后有需求没有被满足**

当孩子哭闹时，父母不要只关注孩子的情绪化、脆弱、任性等外在结果，而要了解这些负面情绪背后是孩子内心不舒服的感受和没有被满足的心理需求，这样父母才可能真正地从内心接纳孩子的情绪。妄想通过说教、呵斥、惩罚甚至打骂的方式直接改变结果，自然就不会去想办法了。

当孩子用哭来表达自己时，父母要减少说教，安抚孩子的情绪后，要温和地询问孩子哭泣的原因，并用心倾听，学会使用"妈妈理解你哭，是因为你很难过""嗯，还有吗"等接纳和鼓励的句式。

◆ **探究孩子情绪模式背后的成长背景**

如果孩子在早年缺乏安全感，或成长过程中经常遭受父母的批评、指责、呵斥甚至打骂等，就会破坏了安全感，成为焦虑型的孩子。所以，看到孩子已经形成了爱哭等情绪化的模式，就要去回想孩子成长的经历，将不良行为矫正过来，这才是父母的最佳做法。

◆ **提高父母在教育孩子过程中的情商**

很多父母不能教育好孩子，多数都是因为不能了解孩子内心的感受，更无法满足孩子心理需求，导致了孩子外在的情绪和行为。

孩子的哭，就是一种内心的不舒服感受，这种感受背后的需求可能是安全、温暖、理解、关注等看不见摸不着的"虚幻"的心理，也意味着孩子需要父母的拥抱、温柔的语言、爱抚的动作、踏实的陪伴等，满足内在需求。

很多时候，孩子其实并不需要父母解决什么具体问题，而是想通过哭泣来得到安慰、安全和关注等。

苗苗上初三，因为遭受了同学的"网络暴力"而不想再上学。当苗苗感觉特别委屈和害怕时，回家跟父母讲述了这件事，希望得到父母的安慰和支持。听苗苗说不想上学了，父母立刻就指责她，说她平时不好好学习，只跟学习不好的同学玩。

苗苗不但没有得到父母的安慰和支持，反而被指责，她感到更难过了，更少了上学的动力。其实，她并不是想父母出面帮她解决什么问题，仅仅希望爸爸妈妈能说一句："别怕，有什么事情爸妈给你解决！"

◆ **教给孩子"积极暂停"的情绪转化方法**

情绪化的模式不利于解决问题，反而会使问题更复杂化。父母可以帮助孩子感受他的情绪，引导他转化和解决掉自己的负面情绪，进而解决问题。

孩子哭了，父母使用冷暴力的方法，对孩子的心理成长很不利，比如忽视不理睬、将孩子关到门外、越哭父母越要离开等，虽然不是通过打骂、羞辱等"热暴力"惩罚孩子，但依然是一种暴力形式即"冷暴力"，有时候，"冷暴力"比"热暴力"伤害性更大。

父母可以使用一种叫"积极暂停"方法帮助孩子转化情绪。"积极暂停"是孩子能够自己主动选择的冷静模式，强调的是父母与孩子的感受都是良好的，而且能够彼此保持连接的方法。"积极暂停"的关注点在于让孩子的情绪和感觉越来越好，而不是用冷暴力的方式让孩子感觉更糟糕。

"积极暂停"和冷暴力的方式，最本质的区别是是否有爱。

首先，教给孩子一些关于情绪的小知识，比如哭泣、生气、开心、担心、委屈等都是很正常的情绪,都是情绪宣泄的一种方式,只要这种方式遵从了"三不伤害"原则,即不伤害自己、不伤害他人、不伤害环境。

其次,跟孩子一起设置一个"暂停角",可以贴一些情绪图片,也可以放置一些能让情绪平复下来的物件,比如布娃娃,并鼓励孩子给这个"暂停角"起一个名字,比如"爱的小窝""爱心加油站"等。

然后,跟孩子约定,当孩子哭泣时,就到这个"暂停角",让自己慢慢平复下来,其他人也不会来打扰他。

最后,父母亲身示范,当自己内心有不良情绪时,到这个"暂停角"转化自己的情绪,教会孩子转化自己的情绪模式。

◆ **使用表扬、鼓励和嘉许方式帮助孩子转变**

情绪化是指情绪形成了模式,模式的改变并不是一蹴而就的,需要使用鼓励、表扬、嘉许等方式帮助孩子转变,避免使用批评、指责、打骂等负面的教养方式,否则只能进一步强化孩子的情绪化。

15. 孩子过度喜欢被夸奖怎么办

军军妈是通过学员的介绍打电话联系到我的,然后我就知道了军军的情况。

军军正在上小学五年级,成绩很优秀,还是班长,不仅组织能力强,琴棋书画都很擅长,是班里的"小能人"。但令妈妈苦恼的是,军军总是想赢怕输，爱听别人表扬，容不得别人一丁点批评。

这次期中考试又考了班里第一名，只是语文成绩略有退步，老师关心地问了他几句，军军回家就不开心，非跟妈妈"理论"，让妈妈说他语文成绩不错。平时跟爸爸妈妈玩扑克，军军绝对不能输，如果输了就很不开心。随着年龄增长，军军妈有些担心了。

很多孩子跟父母要夸奖，让父母去夸奖他们，就像案例中的军军，各方面都很优秀，平时得到的夸奖一定不少，可是他依然想通过各种方式获得父母或老师的表扬。

喜欢被夸奖的孩子，意味着他想要被认同。父母要做一个反思：平时对孩子表扬得过多，还是过少？表扬得过多，孩子容易形成依赖；如果过少，就没法满足孩子的基本心理需求。

表扬是对结果的正面评价，但不能过多地使用，否则就会过于强化结果和评价，孩子在乎结果和别人的评价；表扬过少，则无法满足孩子的心理需求。这两种情况都会造成孩子喜欢夸奖的结果。那么，孩子喜欢夸奖，如何解决呢？

◆ **反思父母对孩子的夸奖是否过多或过少**

多鼓励少表扬是对孩子认同的一项基本原则，父母过度使用表扬，孩子就会对表扬形成依赖；使用过少，又无法满足孩子的心理需求。因此使用表扬的原则就是在判断是非对错和培养习惯时、孩子动力弱时使用表扬，其他情况都用鼓励。跟军军一样各方面都优秀的孩子，平时通常都不会缺少来自老师、父母等成年人的表扬，因此就不能再盲目地使用表扬了。

我接待过一个大学四年级的抑郁症女生，给她做年龄回溯的过程中，她回忆起这样一件事：

初中一年级时，一次考完试放学回家，她突然想起有一道数学题答错了，她感到非常痛苦，因为如果那一道题做对了，肯定又会得满分，数学一直是她最擅长的科目，父母和老师都对她寄予厚望。最后，她做了一个决定，就是偷偷返回学校，进入老师办公室，找到自己的试卷，修改了那道题的答案。

虽然老师没发现，但后来她一直沉浸在后悔和自责中。

回忆到这里，她一直流泪，不断地重复着一句话："对不起，对不起，我只是想让你们继续表扬我……"

◆ **正确使用表扬、鼓励和嘉许**

喜欢夸奖的孩子，内心需求是被认同，而认同孩子的方式有很多，比如表扬、鼓励、嘉许等，如果孩子能力不弱、不知道是非对错，就不用使用表扬，要多给孩子鼓励、嘉许或与孩子分享。

鼓励，更注重事前的推动力、事中给孩子的鼓励和事后的分享，是弱化了对结果的注重；嘉许更注重做事情的过程和收获，常用的认同方式主要有："你觉得……怎么样？""你需要我帮你……吗？""是的，人人都有不如意时。我们依然很喜欢你！""在这件事情上，你已经非常努力了！""就这次竞选，你愿意跟我们分享一下吗？"父母可以多用这些句式表达对孩子的认同。

如果孩子跟父母说："妈妈，我的这次英语成绩又得了第一名！"孩子内心真正的需求未必是被表扬，可能需要妈妈的鼓励，也可能是为了跟妈妈分享，如果需要鼓励，妈妈需要说"继续加油！"如果需要和妈妈分享，妈妈只需要说："看起来我的儿子非常开心，妈妈也很开心，妈妈等着儿子快点跟我说说你是怎么做到的呢！"

◆ **教会孩子由外求变成内求**

跟孩子分享一下，社会的人才结构就像金字塔，塔底的人很多，塔尖的人很少，从塔底到塔尖优秀的人会越来越多。比如，小学学习成绩很优秀，到了初中优秀的孩子似乎就多了起来，竞争压力变大，高中班级基本上都是优秀的孩子聚集在一起；在优秀群体中，相对优秀的学生，竞争压力更大；在大学班级里都是高中成绩优秀的学生聚集在一起，再成为大学班级的优秀似乎难度越来越大。

孩子一味地依赖表扬，随着金字塔越来越高，身边优秀的人也会越来越多，自己就没有之前那么突出，内心就容易失衡，为了获得别人的表扬而变成了外求的人。当某天身边的人不再表扬我们时，就失去了前进的动力，内心就会失衡，就会有一颗玻璃心；玻璃心碎掉后，"自尊"也会不堪一击。父母不断地给孩子鼓励，或者让孩子学会自我激励和自我认同，注重做事情的过程以及体验和收获，并学会跟身边人分享，才能获得足够的自我认同，不再受制于外在评价。

孩子靠别人的夸奖获得认同，会成为外求型的人，容易为了别人的认同和评价而失去自我。可以告诉孩子：表扬掌握在别人的手中并不受自己控制。可以让孩子按照自己的方式去学会自我认同，以满足自己内心的需求，变成一个内求型的人，不管遇到任何困难和挫折，都能学会自我认同和自我激励。

◆ **教会孩子分享**

父母多使用鼓励的方式认同孩子，也就教会了孩子分享。分享是鼓励的一部分，只有孩子自己有了体验，才能分享，而只要分享，就能获得成就感。很多时候我都会结合自己培养孩子的经历，激发自己内在的动力。只要孩子多分享，就能提高内心的自我认同感。父母多分享，孩子自然也就学会了分享。

◆ **多记录孩子做事情的过程**

父母记录孩子体验的过程，之后与孩子一起分享这个过程时，就会减少对结果的评价。比如，孩子在台上演讲时，将整个过程给孩子录制下来，让孩子后续看到他的状态，让他去感受这个过程。这个记录过程也是展示孩子成就的过程，代表了对孩子做事情过程的非语言的认可和肯定。

◆ **把焦点放在过程的体验和价值上**

孩子喜欢夸奖，是因为在乎结果和评价，而鼓励、嘉许等方式会弱化结果和评价，更注重过程中的体验和价值。当孩子在做事情的过程中有体验时，父母要多用正面强化，给予孩子更多的认可和肯定；孩子开始注重过程中的体验，也就学会了自我激励，变成内求的人；不再依赖外在动力，也就不会因为过于注重结果和评价而导致心理和行为的失衡了。

16. 孩子不愿意交友怎么办

宁宁是工作坊里一位学员的女儿，12岁，上小学六年级，学习成绩优异，非常听话，就是不愿意交朋友。

班主任老师跟妈妈反映说，下课别的同学都三五成群地说笑，宁宁却独自一个人坐在座位上看书，几乎没有朋友，也不主动跟人交流。

其实，在家里，宁宁也很少出门，偶尔有同学邀约一起出去玩，她也不太愿意去，最后同学朋友都不再主动邀请她。爸爸妈妈跟宁宁交流，并没感觉到她有什么问题，只是不知道如何帮助女儿学会交朋友。

美国著名人际关系学大师戴尔·卡耐基曾经说过，一个人的成功，专业知识所起的作用是15%，而他的交际能力占85%。所以和谐的人际关系以及高强的交往本领，是未来社会判断成功者的重要标准。因为只要一个人生活在社会中，他就不得不和别人打交道。

人际交往是人与人之间互相联系的最基本方式，也是孩子良好情商的重要的培养目标，是父母在教育孩子的过程中不可忽视的一项内容。孩子没有朋友，就会缺乏集体主义意识，当他们步入社会后，也会显得无所适从或不尊重他人，自傲、任性、自私、孤僻……种种不良的品性都会出现在他的身上。

许多工作都需要协作完成，父母必须从小培养孩子善于交际的好习惯，发现孩子不善于交友，就要通过一些方法来改变。

◆父母帮助查找原因

父母可以跟孩子一起分析他不愿交友的原因。比如，与朋友交往过程中，是别人不愿意跟他互动，还是他喜欢评判别人，亦或是他不知道如何通过自我介绍快速融入集体，或不知道如何邀约；是孩子在朋友面前有些自卑感，还是孩子属于逃避型的孩子，在人际交往方面胆小退缩。

◆用温柔的方式给孩子鼓励

不用父母强迫，孩子也有希望跟朋友交往的需求，希望有几个志同道合的朋友，哪怕仅仅是玩伴。因为与朋友在一起，孩子完全可以从朋友那里获得信任、鼓励和支持。

在与周围的人相处时，朋友的肯定总是多于否定，孩子就能感受到与朋友有一种休戚相关、安危与共的情感。只是在实际交往中，有的孩子可能会感到害怕，父母不要生硬地将孩子推出去，否则孩子更容易退缩，最好用温柔的方式给孩子以鼓励。

◆教给孩子交朋友的具体方法

随着时代的发展，现在的孩子都非常讲究个性，要想与之保持良好的关系，也需要一定的技巧。父母可以教给孩子一些交往技巧，帮助孩子交友。

学会自我介绍：用最短的时间内让别人记住自己。有人把自我介绍称为自我推销，既然是推销，就要实事求是而不是自我炫耀，因此推销自己要真诚自然、实事求是，还要突出自己与别人不同的地方。比如，孩子是什么星座的、名字有什么特点、家乡有什么特点等。在一次训练营里我见过一个特别大方的孩子，他上台第一句话就说："希望你们能记住我，因为我的头顶上有一块疤！"他还低下头让大家看，引得大家哈哈大笑。

学会交流话术：多使用礼貌用语。比如，有人为我们提供了帮助要说"谢谢你"。帮助别人并得到"谢谢你"的认可是一个人成就感的需求，会让对方觉得做这件事很值。当我们不小心阻碍或伤害了别人时，要及时说"对不起"，平衡对方心里的不舒服。原谅别人时要说"没关系"，临别时说"再见"等。不能对别人说粗话，不能做没有礼貌的动作。

学会尊重：避免在别人背后说三道四，不要随意评论别人。

要主动跟朋友打招呼：良好主动的态度有助于跟朋友建立联结。

学会付出：与朋友交往的过程中，不要斤斤计较，要学会付出，不用事事向朋友索取。

注意交流时的技巧：不要随意打断朋友的讲话，朋友说话时要认真倾听，不能心不在焉或只顾做自己的事情。要善于发现朋友的优点和长处，多赞美别人，不要因为自己的某些长处而炫耀。

对待朋友要真诚：对朋友要真心诚意，讲信用，不欺骗，不说谎。

懂得沟通小技巧：与朋友说话，尽量讲些两个人都感兴趣的话题，不要独自说个不停而不考虑对方的感受，要多站在对方的立场上思考问题，理解和接纳对方。

◆ 将交朋友融入生活中

多给孩子提供与人交流的机会，比如，在电梯里看到邻居，鼓励孩子主动和邻居家的孩子打招呼；邀请亲朋好友、同事家的孩子来家里玩；一起去公园、旅游等。父母只要给孩子创造交流的机会，孩子就会想办法解决交流中的问题。

也可以常带孩子参加一些活动。社区都会开展各种各样的活动，有些孩子之所以不与人交流，是因为平时在家只能见到几个人，因此父母要多陪孩子参加社会活动。鼓励孩子多尝试，慢慢地，孩子与人交往的能力就会提高。

孩子有了实践和体验，自然就会愿意分享，也就有了交朋友的动力。

◆ 身教大于言传

身教大于言传，父母之间良好的人际关系将对孩子的交友产生正向促进作用。

首先，夫妻关系要保持和谐。因为夫妻关系是家庭关系的核心。

其次，保持亲子关系和谐。因为亲子之间有血缘关系，具有稳定性、持久性和不可替代性的特点，不考虑对方的情绪和思想变化，就会造成不和谐的亲子关系。因此，父母要了解孩子身心发展的特点，真正走进孩子的内心，与孩子真心"交友"。

最后，社会关系的和谐。不管是与亲朋好友，还是与同事、领导、合作伙伴等拥有良好的关系，就能给孩子树立良好的榜样。

17. 孩子厌学怎么办

米月今年13岁，刚上初中一年级，学习成绩较差，总是抱着无所谓的态度，母亲只好带她来做心理咨询。

从小学开始，妈妈对米月的学习就抓得很紧，每天的作业安排得很满，除完成学校老师布置的作业外，还安排了做课外辅导材料上的练习题。妈妈每天都陪着她做作业，做完后还要检查作业完成情况，看到错题，有时会忍不住地对米月发脾气。

米月被妈妈安排着被动学习，但作业都能坚持完成，一至四年级成绩居班级中上水平，五年级开始米月做作业有些拖拉，妈妈一边催促一边生气。

六年级时米月表现得更加被动和拖拉，行动不积极，作业经常完不成，甚至还摆出一副无所谓的态度。妈妈催促时，她有时还会顶两句嘴，学习上有点自暴自弃。

升入初中后，她在班级里排名倒数，连以前擅长的语文和英语也逐渐退步。爸爸妈妈为她请了一对一的家教，效果也不好。米月每天放学回到家，就跟妈妈要手机，作业也不做，妈妈限制她玩手机，她就跟妈妈吵架，还说上学没意思，不想去了。

厌学是指孩子因为自身、家庭、学校等各方面的原因感觉上学没意思，以种种借口和行为表现为被动、拖延和逃避学习甚至出现逃学、辍学等严重情况。在厌学的孩子中，不仅有学习成绩不理想、表现不好的学生，也有表现好甚至成绩非常理想的学生。厌学的原因纷繁复杂，不能一概以"不爱学习"而论，要帮助孩子激发学习的动力和热情。

一般来说，被动、拖延和逃避学习，是比较轻微的厌学状态，一旦逃学或辍学，就是严重的厌学状态了，有的孩子甚至还会发展成心理问题。

◆ **找到孩子在学习方面的负面情绪来源**

所谓"厌学"，从字面意思理解就是"讨厌学习"，也就是学习跟"讨厌"这个负面情绪关联在一起。那么，这个负面情绪从哪里来呢？

负面情绪来自功课：孩子在天赋、智力发展倾向以及思维方式等方面存在差异，可能会出现偏科现象，如果对某些学科不感兴趣，这些科目就会总是学不好，久而久之容易产生恐惧和排斥心理，成绩就会越来越不好，形成恶性循环，时间久了，可能会影响到孩子学习的信心，波及其他学科，从而产生厌学情绪。如果是因为功课本身的原因，父母就要帮助孩子克服这些问题，例如，请任课老师帮助孩子提高，因为孩子很在乎跟老师互动，老师的一句鼓励的话会让孩子产生巨大的动力。儿子英语成绩不好，我单独跟老师进行了沟通，请求老师在合适的时间给孩子一点鼓励。孩子因为老师的一句鼓励，喜欢上了英语这门课，成绩有了很大提高。除了与任课老师沟通，还可以单独给孩子进行重点辅导，或者帮助孩子解开心结，在这些科目上给孩子更多的鼓励和支持。

负面情绪来自老师：有些孩子厌学，跟老师有一定关系。因为7岁以后，孩子更注重跟老师的关系，处理不好师生关系就会影响孩子对老师的印象，从而对老师所教的功课产生厌烦情绪。比如，老师比较严厉，某次批评了孩子或冤枉了孩子，孩子觉得不公平，就会对老师产生厌烦情绪，就会不喜欢老师教的这门功课。有些孩子跟老师产生了矛盾，就再也不想去上学了。孩子的学习成绩，不仅看孩子的智商，更要看孩子的情商，而与老师相处是学校生活必需的情商技巧，要让孩子学会与老师沟通交流，特别是与自己不喜欢的老师沟通。父母要成为老师和孩子之间的桥梁，让老师的爱流向自己的孩子。

负面情绪来自父母：成年人的世界都不容易，每位父母都会遇到工作、生活的压力和烦心事，父母内心积攒了很多负面情绪，就会有意无意地传递给孩子。有的父母小时候的生活经历，引发了内心的创伤性情绪，就会传递给孩子。有个爸爸，每天都要处理生意场上的烦心事，加上父母年迈需要人照顾，压力非常大。当他拖着疲惫的身体回家看到儿子没有学习时，就会控制不住地火冒三丈，对着儿子大吼大叫，发泄完后就感觉内心释放了许多，之后看着孩子委屈的小小的背影内心又充满了自责和内疚，可是之后还会这样反复发作。他说，孩子似乎成了自己释放压力的工具，每想到这里，他的脊背都会冒冷汗。

在父母的教养方式里，不管是命令型、批评型、比较型，还是恐吓型、质疑型、惩罚型，都在给孩子传递成年人的负面生活状态，这些不良的教养方式会让孩子感到委屈、愤怒、自责、压抑、焦虑、恐惧等。这些负面情绪长期积压在孩子内心，就会出现一些不良的行为表现，继而进一步刺激父母使用一些变本加厉的错误方式，进一步让孩子自暴自弃，将孩子的潜能封闭起来，孩子的情绪和行为也会出现一些负面状态，厌学就是一种典型表现。在孩子早年时这些表现一般不会显现，随着孩子年龄的增长，就会越来越明显。只不过，当孩子身上出现这些负面状态时，父母通常都难以承认这些状态是跟自己的教养方式有关。

◆ **改变厌学情绪来源的教育方式**

父母的哪些教育方式会让孩子出现厌学情绪，又该如何改变呢？

学习没有自由选择的权利：自由权关系到个人做一件事情是否开心快乐。在学习方面，如果孩子被逼着或完全由父母安排去做，自己没有选择的权利，刚开始时不会显现出问题，随着时间的推移，孩子就会表现出对这件事情的讨厌甚至恐慌感。案例中，米月从小被妈妈安排做一件件事情，在学习中没有自主选择的权利，米月感到不开心、不踏实，最后出现了厌学情绪。父母之所以不放权，是因为害怕孩子不能管理好自己，但这样做，根本就无法培养孩子的学习能力。将与学习有关的权利慢慢还给孩子，孩子在学习这件事上就是自由的。如果不放心，可以在孩子做出选择时给予正面的评价。

当孩子先学习然后看电视时：

"你知道学习比看电视重要，太棒了！"

当孩子先看电视再学习时：

"你看了一小时的电视又去做作业，也能按时完成作业，时间安排得很好！"

当孩子做作业有拖延时：

"妈妈看到你作业还没做完，可能是太累了，不过你的坚持和恒心让妈妈很欣赏！"

只要父母给孩子的评价都是正面积极的，孩子内心的感受就是温暖的，会感受到父母对自己的理解、包容、支持和爱，就会有力量继续做得更好。

学习没有尊贵感：尊贵感就像坐飞机，如果我们是VIP客户，就会享受贵宾待遇，坐飞机就会和开心愉悦关联。孩子学习时，如果也能感受到来自父母物质和精神方面"尊贵"的待遇，学习就会和开心愉悦关联在一起。比如，雅致的书房、漂亮的台灯、舒服的桌椅、学习时不被监督的放松感，都会让孩子内心有愉悦和放松的感觉，潜意识处于开放状态，学习效率就会很高。妈妈陪伴米月学习时会发脾气，孩子不得不用很多精力来应对妈妈的情绪，潜意识处于防御状态，自然就难以专心踏实地学习，没有学习的尊贵感，慢慢地就会讨厌这件事情。

差错不能被包容：父母苛求孩子，就容易把焦点放在孩子的差错上，忽略掉孩子的努力和优点。孩子考得95分，父母会更多地把精力放在孩子的错题上，批评孩子粗心，孩子内心的感受是：自己已经很努力，却得到了抱怨和指责，会感受到不被理解的委屈感。其实，父母只需要说一句："这次考了95分，说明你平时非常努力，爸爸妈妈相信你下次会考得更好！"孩子内心就能感受到被理解和包容的温暖感，就会越做越好，会更为积极主动地去矫正错题。

在课堂上，我经常会给父母列出以下几道题目。孩子做了以下几道题，看看父母做什么反应：

4+4=8

8+8=16

16+16=32

32+32=62

很多学员的第一反应是最后一道题结果算错了,这确实是一个无可辩驳的事实。那么,看到孩子前面三道题算对了,你有没有给予表扬和鼓励呢?

在改变以上几种教育方式的情况下,父母再做好下面几个方面,孩子不仅不会讨厌学习,反而会喜欢上学习。当然,任何成功都不是一蹴而就的,这些教育模式要坚持下去,才能看到父母想要的成果。

让孩子有分享的机会:孩子将学到的知识分享给身边的人,就会获得成就感。比如,小孩子回到家,可以跟爸爸妈妈分享今天学了什么,可以像老师讲课一样把知识教给父母,父母换个角色当学生,让孩子当老师。"台上一分钟,台下十年功",为了讲好几分钟,孩子就会认真听讲。父母充当老师的角色,孩子只能是被教的学生角色,根本就体验不到分享的成就感。如果孩子是低年级,可以让孩子讲课给爸爸妈妈听;孩子到了中高年级,就可以让他分享给比自己年龄小的孩子或同龄没有比他学习好的孩子。

将孩子的作品展现出来:把孩子优秀的作业展现出来,就成了作品,一个好的作品是值得开心和骄傲的。不管孩子写了一幅字,还是写了一篇作文,或画了一幅画,都可以张贴起来,这些都是对孩子巨大的认可和肯定。因为展现出来的一幅画面,能够直接进入孩子的潜意识,而表扬只能让孩子感受到文字符号。

◆ 抓住孩子的心理需求，激发孩子的学习动力

要想让孩子不讨厌学习，并喜欢学习，首先就要让孩子感受到学习这件事是快乐的。所以，在学习这件事上，父母要放权、让孩子体验尊贵、失误或差错被包容、让孩子分享、将孩子的作品展示、给予正面评价，父母可以核对哪些需要改变、哪些需要提高，激发孩子学习的动力。

很多孩子认为学习非常辛苦，无法体验到学习中真正的快乐，但依然有动力坚持学习，他们的动力就源自学习这件事情带给他们的价值感。著名的心理学家马斯洛有一个需求层次理论，指出最低层次的需求是生理和安全需求。

当今时代，大部分孩子的生理和安全需求已经被满足，无须拼尽全力为生理和安全的需求学习，所以父母在激发孩子学习动力时，主要是为了让孩子将来找一分体面的工作，激发孩子动力的可能性已经非常有限。

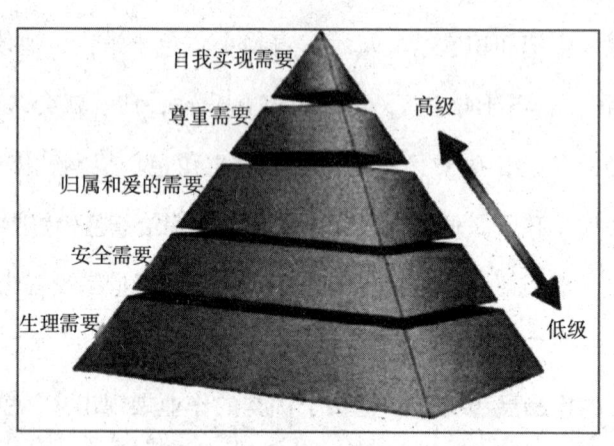

孩子更大的学习动力源自"爱与归属""被尊重"和"自我价值实现"等层次。周恩来总理小的时候就立下志向"为中华之崛起而读书"，对他来说，学习这件事情不仅仅关乎自己，更关乎社会和国家，所以他一生都从未停止过努力。这份动力，来自他内心拥有一份价值感，也就是对国家、民族的价值。父母可以多和孩子探讨一些关乎孩子、社会、国家、民族的理想和梦想，激发孩子内心更强的学习动力。

来自孩子的老师、同学、父母以及身边人的爱，也是孩子学习的动力来源。下面六大关系会直接而强烈地影响到孩子的学习成绩：一是和父母的关系，二是和老师的关系，三是和功课的关系，四是和同学的关系，五是和国家社会的关系，六是和自然万物的关系。也就是说，孩子的学习成绩不仅跟智力因素有关，更跟孩子身边这些爱的关系有关。

◆ 打开孩子的心结

孩子比大人拥有更敏感和脆弱的心灵，如果家庭出了问题，往往会先在孩子身上呈现出来，因为孩子的心理发展还不健全，没有足够的能力去应对，因此，父母之间的关系、亲子关系、师生关系和同学关系出现问题时，都会直接或间接地影响到孩子心理，进而影响到孩子的学习。

父母是孩子心灵的最好呵护者，也是孩子最好的心理治疗师。在成长过程中，如果孩子出现了跟各种关系有关的心理创伤，父母就要站在孩子的角度消除他的顾虑，帮他疏导情绪。或者求助专业的心理老师，帮助孩子疗愈内心的创伤，去掉心理包袱，让孩子步履轻盈地走向成长。

◆ 帮助孩子重建学习的信心

我接待的孩子厌学的心理个案中，很少有因为智力因素导致的厌学，更多的是因为对学习严重缺失自信心导致的。多数父母都认为自己的孩子很聪明，孩子却没有学习动力，帮助孩子重建信心是父母的重要任务。

被父母带来心理咨询中心时，俊宇一脸苦相，10岁的小脸上眉头紧锁。通过爸爸的讲述，我对俊宇多了一些了解。

俊宇很聪明，但每次考试都倒数，全班一共有52名学生，他的成绩不是倒数第一，就是倒数第二。父母并不指望俊宇的成绩多么优秀，只要能考个"中等水平"就行。

俊宇各个方面都不错，但只要一说到学习，就唉声叹气，没了信心。为了让孩子重拾信心，我跟孩子制定了追赶目标，这个目标不是"中等水平"，而是第50名，让俊宇追赶上第50名的那个同学。

当协商只要追赶上第50名的同学就算达到目标时，俊宇满脸疑惑："只要追上他就可以了？他平时也不怎么学习，我追赶他，没问题！"我告诉俊宇，"他既然在你的前排，你每天只要盯住他就行。当他学习时，你一定不要被他落下；他不学时，你只要比他多学一点就行。"

结果，期中考试俊宇不仅追上了第50名，还上升到了第45名。因为第50名的同学不是一个数字，而是一个具体的人。当俊宇有信心追赶第50名那个同学时，他每天盯着这个具体目标的过程，就是由被动学习转为主动学习的过程，只要孩子主动学习了，名次就不再是问题。

第二次给俊宇制定目标时，依然是他有信心达成的具体可执行的目标。后来，俊宇跟爸爸探讨目标时每次都很有信心，成绩也在一步一步提高。

其实，孩子之所以放弃，不是不努力或不聪明，而是在不断地比较中失去了信心。重拾信心的过程，就是由被动学习转为主动学习的过程。当然，最好的比较是跟自己比，现在跟过去比，只要父母与孩子一起制定合理的可操作的具体目标，孩子的自信就会重新被点燃。

初中二年级暑假时，我儿子需要背诵 30 篇文言文，还有完成其他各科作业，孩子有点畏难情绪。

我跟他一起对作业进行了分解，最后将 30 篇文言文分解到 56 天里，除了其他作业，分解到最后，每 20 分钟只要背诵 1 句就可以了。孩子看到这个结果时，立刻就充满了信心，最后只用了很短的时间就完成了所有的背诵。

厌学只是孩子身上表现出来的一种负面状态，需要父母耐心找到原因，制定合理的对策，站在孩子的角度思考问题，真正地了解孩子的内心感受，满足孩子的心理需求。也许，不爱学习、逃学甚至辍学的孩子，内心有些独白没被父母读懂，学习问题也许是孩子给身边的人一种爱的呼唤呢！

"爸爸，这么多年，我从来没在学习中体验到快乐，每次学习都是在自卑、委屈、焦躁和愤怒中煎熬，我曾经也那么努力过……"

"妈妈，我学习这些功课时，找不到合理的方法，也不知道如何提高成绩，我很想进步，可是无论如何，也没有效果……"

"爸爸妈妈，我真希望你们告诉我为什么要学习，我不知道学习的意义，没有学习的动力和目标，更不知道人生的意义和价值到底是什么……"

18. 孩子逆反怎么办

嘉怡跟妈妈来心理咨询中心时，已经超过了约定的咨询时间。妈妈来时一脸的严肃，在咨询中心各个房间打量了一番，才说明来意。我做了简单的接待，邀请妈妈到接待室休息，咨询室里只留下我跟嘉怡单独交流。嘉怡是自己在网络上找到我的联系方式，主动要求咨询的。

妈妈一直阻挠嘉怡咨询，因为她认为只有精神不正常的人才会去看心理咨询师。

妈妈是嘉怡所在学校的英语老师，平时对嘉怡管理比较严格，因为她期望嘉怡明年考上市重点高中。

嘉怡在学习和体育等方面都很优秀，不仅学习成绩优异，还拿过市乒乓球比赛初中组亚军。最近一段时间，她跟父母产生了很大的冲突，在父母眼里，嘉怡从一个听话的乖乖女变成了父母眼中逆反的孩子：学习成绩从班级第二名掉到第五名，父母对她管理很严，不允许她碰手机，她却借同学的手机打游戏；父母让她每天一放学就回家做作业和刷中考题，她却故意不回家，跟伙伴打球；最近，甚至不再理睬父母，拒绝交流，父母说她几句，她就反应很大。

"让你放学就回家学习，你偏要去打球，你不知道马上中考了吗？"妈妈质问道。

"不就是打个球嘛，怎么就影响中考了！"嘉怡头也不抬，理直气壮地径直进了自己房间，反锁了房门。

"说你两句还不行了？有能耐名次别下降啊！"妈妈生气地提高了音量。

"你们整天都管手机，管学习，管我跟谁交往，我已经长大了，不要你们管了！"嘉怡有些声嘶力竭。

门外是既生气又惊讶的父母。

孩子的逆反让很多父母特别烦恼，因为孩子表现出来的状态是不服从父母管教，顶撞父母，不听话，完全由着自己的性子来，父母的权威受到挑战。其实，父母只要了解一点心理学知识，就能知道孩子的逆反是一种正常现象，主要原因是父母和孩子之间价值观的不一致。

孩子的成长过程中一般会经历两个明显的逆反期：第一逆反期是在3岁左右，孩子的自我意识开始萌发，有了"我"的观念和独立意识，父母不尊重孩子的这个"我"，孩子就容易表现得逆反。比如，妈妈给孩子收拾房间时，没有尊重孩子的意见而执意将玩具扔进垃圾桶，孩子就会出现逆反的情绪或行为。

但因为孩子个头还小，看父母的视角是仰视，内心会有一种服从感，所以对父母的挑战并不明显。但到了第二逆反期也就是青春期阶段，孩子的独立意识更强，且生理发育迅速，他看父母的视角是平视或俯视，父母违背了孩子的意愿，他们的服从感就会明显降低，甚至违抗父母的管教。

要想读懂青春期阶段孩子的逆反，先要了解青春期的心理特点。青春期一般是指12~18岁的年龄阶段，这个阶段也是孩子成长历程中问题最多的一段时期，因为很多心理矛盾和冲突都集中在这个阶段：

第一，生理和心理的冲突，性激素的猛增，会带来情绪和行为的变化。孩子生理上具备了成年人的特征，心理上还没有成为真正的成年人。

第二，父母管教孩子和孩子独立意识产生的矛盾。

第三，在青春期阶段孩子有很多理想，但与现实的距离还很遥远。了解了这些矛盾和冲突，父母就不难理解青春期孩子的逆反了。

此外，父母的教养方式不当，是孩子产生逆反的主要原因。比如，案例中父母对嘉怡管教过严，没有逐步放权，没有考虑到孩子的心理感受，缺乏良好的沟通方式，导致逆反的情绪和行为。

◆ 父母不"逆"，孩子不"反"

在父母的教养方式里，命令、批评、比较、恐吓、质疑、惩罚、溺爱、娇惯，都不能满足孩子的心理需求，反而会让孩子产生很多负面情绪，在青春期阶段爆发出来。

很多父母之所以长期使用这些不良的教养方式，其中一个原因是受到传统"家长文化"的影响。这些教养方式世代相传，在今天的社会和家庭中根深蒂固。我在工作坊中跟学员互动时，他们会辩解道："我父母也是这样教育我们的，而且把我们教育得很好，为什么到了这一代就出问题了？"

这是很多现代父母的思维模式。

对待同一件事情，上辈父母的教育方式和现代父母教育孩子的方式确实截然相反，让我们做一个比较。

父辈这样教育我们：

"孩子，爸妈没本事，你要靠自己了。"不包办，把责任还给孩子，让孩子拥有了责任心。

"孩子，做事先做人，一定不能做伤害别人的事情。"讲德行，告诉孩子做人的标准。

"孩子，放心地出去闯吧，实在不行，回家来还有口饭吃。"无私的爱，无尽的爱。

现代父母教育孩子：

"宝贝，你只管好好学习就行了，其他事情爸爸妈妈来办！"剥夺了孩子负责任的权利，培养出了没有责任心的孩子。

"宝贝，出去不能吃亏，别人打你一定要还手！"基本的做人准则都错了，可能培养出"缺德"的孩子。

"你要是再不好好学习，长大没饭吃别来找我！"有条件的爱，根本不是真爱。

父母的教养方式，还跟父母能否站在孩子的角度思考问题、是否了解孩子的成长规律、父母的情绪和压力等都有很大关系。

这些教养方式都不利于孩子健康成长，需要转变为尊重、民主、平等、理解、宽容、慈爱、正向的教养方式，而这些良好的教养方式都是基于对孩子的爱。

多年的工作经验告诉我，要改变孩子并不难，改变父母的思维模式和教养方式却并不容易。但只要父母保持良好的心态，拥有足够的信念，内心充满爱的能量，就可以培养出优秀的孩子。

◆读懂孩子逆反情绪背后的心理需求

父母真正了解孩子逆反背后的原因,才能理解接纳孩子的逆反情绪和行为。当孩子产生逆反情绪和行为时,父母首先不要指责、抱怨、讽刺、挖苦孩子,要读懂孩子的逆反情绪和行为背后的心理需求:

"爸爸,这么多年来,你只顾自己的事业,每天都忽略我的存在,我对你不信任,你也没有权利管我,我长大了……"

孩子内心的需求是信任和关爱。

"妈妈,我从来没有感受到你真心爱我,只觉得你只爱我的成绩,爱你自己在亲朋好友面前的面子,你从来没有考虑过我的感受……"

孩子的内心需求是关心和理解。

"爸爸妈妈,我之所以拒绝沟通,是因为即使我说了也没有任何意义,你们从不认真倾听我在说什么,也从来不按照我的意愿去做……"

孩子的内心需求是尊重和权利。

读懂了孩子逆反情绪和行为背后的心理需求,待合适的时机,父母只要轻轻地说"爸爸知道,你之所以发脾气,一定有你的理由,从现在开始,如果你需要,爸爸一定会抽出时间陪伴你!""妈妈理解你的心情,我愿意从现在开始站在你的角度考虑问题。""妈妈知道,儿子已经长大了,需要被尊重和理解，我们从现在开始把生活、学习等权利慢慢转给你，相信你一定能管理好自己！"即可。父母转变了心态，站在孩子的角度思考问题，考虑到孩子的感受，满足孩子内心的需求，孩子的逆反情绪和行为就会改变。

◆ **帮助孩子学会自我管理**

父母学会逐步放权给孩子，让孩子学会自我管理。管理者和被管理者都是孩子自己，孩子的心理和行为就会和谐统一。正是因为没有放权，父母觉得孩子还不具备社会适应能力需要管控，孩子却觉得自己长大了需要独立，这必然导致亲子关系冲突。父母要逐渐从生活、学习、人际交往、手机电脑、金钱等几个方面适当放权给孩子，这些权利是递进式的，权利层次越来越高。

可以事先跟孩子约定，孩子自己管理的规则，经过一段时间的观察，再根据自我管理情况适当予以评价和奖惩。当孩子的自我管理能力培养起来了，自我管控能力就会提高，也就学会了延迟满足，就能更好地避免亲子冲突。

◆ **先修复关系，再谈教育**

关系第一，教育第二。没有良好的亲子关系做基础，无论父母如何说教，孩子都不愿意打开内心与父母交流，因为对方的心门是关闭的。在日常生活中，父母只要改变以前不良的教养方式，站在孩子的角度考虑问题，多理解接纳孩子，充分尊重孩子的人格，逐步放权，亲子关系就会越来越和谐。

◆ **父母学一点说话技巧**

跟孩子说话时避免长篇大论，表达事情简短清晰。很多父母担心孩子听不懂而反复地说教，孩子就容易产生厌烦情绪。在沟通过程中，如果父母做错了，要勇于跟孩子说"对不起"，很多父母觉得自己是长辈，放不下架子，这样会让孩子觉得不被尊重，也感受不到人格的平等；沟通过程中双向交流，避免父母单方面在说教，孩子只是在听，没有表达的机会，最终将沟通变成了说服和训话；找一些宽松的时间，比如双休日、寒暑假等跟孩子静下心来交流，避免在吃饭时、准备睡觉时和上学路上等这些时间交流，否则容易让孩子产生情绪的波动。

◆ 满足孩子不同层次的心理需求

在孩子的成长过程中，父母的角色是任何其他角色无法替代的。根据心理学家马斯洛的需求层次理论，父母的角色是照顾好孩子的生理和安全，能够让孩子健康成长，但是父母只是单纯地充当这一个角色的话，就难以满足孩子成长的需要。比如，孩子还有人际关系、被尊重、实现自我价值等更高层次的心理需求。

父母需要学会充当朋友的角色，放低姿态，敞开心扉，跟三四岁处于第一逆反期的孩子玩游戏，跟青春期的孩子谈理想和人生规划，像朋友一样平等交流。

学会当孩子的学生，孩子才愿意分享他的知识和经验，被尊重的需求才会被满足。当父母的角色转换了，孩子的角色自然也会转换，孩子的情绪和行为会发生奇妙的变化。

19. 孩子不愿意沟通怎么办

千惠13岁，在放学回家的路上，妈妈每天都要一边开车一边苦口婆心地给她讲一些做人的道理，可是每次千惠都感到厌烦。妈妈问千惠一些学校里的情况，刚开始她还能"嗯""啊"地应付几句，最后干脆闭嘴不言，假装睡觉。看到千惠的这种态度，妈妈刚开始很无奈，之后就特别生气，抱怨千惠不跟她沟通。

妈妈私下里向老师了解，老师说千惠在学校里挺活泼，跟同学没什么沟通障碍。

很多父母都反映说孩子不愿意主动跟他们说话，或者父母说的话不愿意听。平时父母跟孩子说的话并不是没有道理，为什么孩子不愿意听，更不愿主动跟父母说话呢？

法国作家拉·封丹曾写过一则寓言，讲的是北风和南风比威力，看谁能把行人身上的大衣脱掉。北风首先来一个冷风凛凛、寒冷刺骨，想把大衣吹掉，结果行人为了抵御北风的侵袭，把大衣裹得更紧了。南风则徐徐吹动，顿时风和日丽，行人觉得很暖和，开始解开纽扣，继而脱掉大衣。结果很明显，南风获得了胜利。

这则寓言诠释了"温暖胜于严寒"的哲理，也就是说，在教育中即使出于相同的目的，使用不同的方法，最后的结果也会大相径庭。父母平时不注意维护亲子关系，使用命令、威胁、指责、抱怨、攀比等不良的教养方式，就会犹如"凛冽的北风"，使孩子心理上有了压力，对父母存有戒心，内心就会被包裹起来，形成一层厚厚的保护层，导致孩子不肯说或不愿意听。

◆ **父母避免三种沟通方式**

单向采访：孩子很小的时候通常都是非常愿意跟父母说话的，在孩子放学回家的路上，爸爸妈妈跟孩子互动的话题非常多，下面这些场景我们也非常熟悉：

"宝宝，今天在幼儿园学到了什么？"
"老师跟我们玩了一个特别有意思的游戏呢！"

"宝宝，老师对你好不好？"
"可好啦，比妈妈都好！"

"宝宝，今天在幼儿园里吃的什么？"
"我吃了一个草莓味的小点心，还吃了一个沙琪玛……"

显然，父母都是喜欢用询问的单向方式跟孩子沟通，孩子也愿意跟父母表达，愿意听父母说，可是随着年龄的增长，父母依然采用"单向采访"的方式，孩子就不愿意回答了，因为这种方式会破坏孩子的安全感，感觉自己的隐私有被暴露的危险。就像我们成年人也不愿意被询问：

"你是做什么工作的？月薪多少？"

"你今年多大年龄？"

"你开车去哪里？去干什么？"

听到这样的单向采访的语言，当事人会有抗拒或反感，孩子的感受同样如此。所以，父母只有多表达，孩子才愿意顺着这些话题表达。

评判：在沟通中，如果父母对孩子的表达带有评判的语言，孩子很快就不再愿意表达了，感觉父母就像法官一样评判自己：

"你每天起床都需要我们催促，一个懒惰的孩子是不可能有出息的！"

"你每天都玩手机，简直就是个废人！"

"问你话你不回答，难道是个哑巴吗？"

这些评判性的语言，会让孩子听起来感到非常不舒服。面对像"法官"一样的父母，他们最好的方式是"保持沉默"，因为他们知道只要沉默，父母就没办法抓到自己的漏洞，这也是结束父母唠叨的最快方式。

评判，是沟通的"杀手"。

超限表达：千惠之所以不愿意听妈妈继续说，是因为这种单一的沟通方式超过了她的心理承受，使之产生了逆反和反抗。

有一次，美国著名的作家马克·吐温在教堂听牧师演讲。最初，他觉得牧师讲得很好，使人感动，准备捐款，并拿出了自己所有的钱。

过了一段时间，牧师还在滔滔不绝地演讲，他有点不耐烦了，决定少捐一些。

又过了一段时间，牧师还没有讲完，他一分钱也不想捐了。

又过了好长时间，牧师才结束冗长的演讲。开始募捐时，马克·吐温出于气愤，不仅没有捐钱，还从募捐的盘子里拿走了几元钱。

牧师只停留在自己的世界里，没有注意到听众的心理饱和。"饱和"是一个化学术语，就是把盐放到水里，当盐不再溶解时就叫饱和，而心理饱和是指心理承受力到了一定的极限，再刺激就会引发抗拒和逃避。

父母在表达时，要有所觉察自己是否又开始了"唠叨"。这种喋喋不休的表达背后是父母无法隐藏的焦虑情绪，所以很多时候父母的表达只是释放自己焦虑情绪的一种行为，却忽略了孩子内心的感受。父母觉察到自己的焦虑情绪时，完全可以换一下沟通方式，比如使用无声的肢体表达，反而会收到意想不到的效果。

◆**理解孩子不愿意沟通背后一定有原因**

孩子不肯说或不愿意听，不要直接批评、指责或质问，因为这些负面的强化与不良的沟通方式一样，只不过是在表达父母自己的焦虑情绪，忽略了孩子内心的感受。而一句"当妈妈跟你说这些你不愿意听时，可能对这件事你有自己的想法，妈妈知道你已经长大了……"，孩子就知道自己已经被妈妈接纳，他的内心就是温暖的，觉得妈妈是"自己人"，也就愿意打开心扉与父母沟通了。

接纳孩子行为的过程，就是拉近与孩子心理距离的过程，可以把孩子与自己视为一体，使用心理学上的一个方法，就是"自己人效应"。所谓"自己人"，是指对方把你与他归于某一方面的同一类型的人。也就是说，要想让对方接受你的观点和态度，就要将对方与自己视为一体。因为，"自己人"所说的话更信赖、更容易接受。比如：

当孩子跟父母主动提到某个电影明星的优点时，父母不是说"真不明白现在的孩子为什么如此迷恋明星，实在看不出他有什么优点"，而要主动理解并赞同孩子的见解，哪怕这些见解有些荒谬。当然，也可以跟孩子探讨这位明星的八卦新闻。

试着用适合孩子年龄的语言交流，像孩子一样思考问题。

与孩子的兴趣与业余爱好保持同步，读一些孩子喜欢读的书籍，看一些孩子喜欢看的电影，谈论一些孩子喜欢的话题。我儿子初三临近中考时，我和他每天晚上都要挤出时间一起看一段军事频道的节目，一边看一边探讨军事方面的话题，那是一段特别轻松快乐的时光。

◆父母不要总是沉浸在自己的世界里

孩子不愿意跟父母表达，或不愿意听父母说话，父母要学会自我觉察：是刚才我们说的话没有尊重到孩子，还是没有站在孩子的角度理解他？是我刚才使用了评判的语气，还是一直在喋喋不休地讲大道理呢？此刻他内心的情绪如何？为了让他知道我是爱他的，我该怎么做？

当父母慢慢开始探究孩子内心的感受时，就真正站在了孩子的角度，而不再只是沉浸在自己的世界里，孩子的需求自然就会得到满足。父母的情商，在跟孩子的互动中显得尤为重要。

◆父母学一点说话的技巧

父母可以参考上篇第6节"如何跟孩子有效沟通"里的沟通技巧。父母只要改正错误的沟通方式，孩子就愿意打开心扉，也愿意倾听父母的教导，使亲子关系更加和谐。

20. 孩子有暴力倾向怎么办

家宣的爸妈是一边吵架一边来到心理咨询中心的。妈妈坐在沙发上，爸爸也跟着坐下，妈妈看到爸爸坐在身边，就起身坐到了离爸爸一米远的椅子上。

妈妈先开的口，说儿子15岁，上初三，刚刚接到学校老师的电话，说家宣在学校与一个男同学发生口角，一边对这个男同学骂骂咧咧，一边拿起板凳将对方的头打破了，幸亏有老师和同学在场，才将这件事平息下来。学校让父母将家宣暂时带离学校，找心理咨询师帮助解决问题。但家宣无论如何也不来，说自己没病，父母才有病，并且对父母大吼大叫，差点跟爸爸打起来。

爸爸说这种情况已经发生很多次了，从小学四五年级开始，家宣的学习成绩就是班级倒数，上课坐不住，总是调皮捣乱，还会欺负同学，老师感到很头疼，同学也有点怕他。家宣回家总是玩手机，不做作业。小学时，父母为此经常揍他，初中后父母不再使用这种方法，反而孩子会对父母吼叫，甚至有几次跟爸爸"大打出手"。

在我的心理咨询案例中，不乏这种打孩子的父母，也不乏有暴力倾向的孩子。

孩子有暴力倾向，往往会伴有缺乏同情心、冷漠、异常调皮、行为怪异、人来疯等一些特点，即意味着问题不会单一出现，具有暴力倾向的孩子是典型的"紊乱型"的孩子。

这时候就要找到造成"紊乱型"孩子的原因，制定对策。早年在亲子关系建立的过程中，孩子缺失了妈妈给予他的安全感和认同感，爸爸参与的也较少甚至缺失，并经常伴随家庭的忽略和打骂等暴力行为，孩子就会成为"紊乱型"，整个亲子关系就会陷入越"紊乱"越打骂越"紊乱"的误区。

案例中的家宣，父母认为自己之所以打他是因为孩子不听话，事实上没有不犯错的孩子，只要孩子的语言或行为不符合父母的标准或期待，父母无法管理好自己的情绪，就会打骂孩子，慢慢地，孩子的安全感和认同感就会进一步遭到破坏，表现出异常调皮、多动、冷漠、没有同情心、行为怪异、人来疯等"紊乱型"的特点。面对"紊乱型"孩子，父母又不得已使用暴力的方式应对，自然就会陷入家庭教育的恶性循环。

◆**读懂孩子情绪和行为背后的原因**

只有了解了孩子既没得到安全感和认同感，又在成长过程中不断被实施忽略和打骂等暴力的原因，才能真正接纳孩子"紊乱"的结果。父母缺少对孩子内心的了解，就会进一步使用暴力的语言或行为。

也就是说，当孩子在日常生活中出现这些"紊乱"行为时，父母首先不要使用更破坏孩子安全感和认同感的批评、指责、羞辱、打骂等方式，而是要认识到孩子之所以出现暴力等行为，多半是孩子的一些负面情绪的宣泄。父母只有先读懂孩子暴力倾向背后的心理潜台词，才能改变孩子。

爸爸妈妈不就是这样对我的吗？别人不符合我的意愿，我当然用这种方式对付他们！

"棍棒底下出孝子"，陈旧的家庭教育观念，使父母缺乏良好的教养方式，当孩子出现状况时，使用打骂的方式，且冠以"打是亲，骂是爱"和"为孩子好"的名义。父母小时候被上一辈父母打骂，长大了打骂自己的孩子，孩子将来再有了孩子，还会使用这种暴力的方式解决问题，这种模式就会在家族每一代的潜意识里传递下来。

模仿是最简单轻松的学习方式，电影电视中的暴力镜头是孩子模仿的对象，甚至家庭中夫妻之间的暴力是孩子的模仿对象。孩子之所以有暴力倾向，模仿只是其中的一个表面现象，最根本的原因还是家庭暴力行为。

谁不服谁就得挨揍，谁跟我过不去谁就得倒霉。孩子内心充满了愤恨的情绪，就会将这种情绪表现为强烈的攻击欲和战胜欲。

◆停止家庭暴力，父母先疗愈内心的创伤

在我做过的心理咨询个案中，我发现消除孩子产生暴力的根源，父母需要做很多功课。

具有暴力倾向的父母突然停止打骂孩子并无条件地接纳孩子"紊乱"的行为，需要做一些疗愈。在成长过程中父母也可能遇到暴力，或现实生活中会有很多压力或负面情绪，这些疗愈都是在潜意识里进行的。所以，很多时候父母明明知道不能打骂孩子，但只要看到孩子的行为，就无法控制自己。

父母未完全疗愈好内心的创伤，实在没忍住，又打骂孩子，平静下来后一般都会后悔，因此一定要跟孩子表达自己的后悔情绪，向孩子道歉，给孩子示范父母改变的决心。

在我的工作坊里，一位 67 岁的老父亲分享了一个感人的故事。

在他小时候，父母经常会为了一些鸡毛蒜皮的小事情吵架，并经常打骂他。他被父亲暴打后蜷缩在墙角，内心充满了极大的痛苦，并从那时候开始，他就下定决心：长大后有了自己的孩子，绝不会重复父母的教养方式，因为他知道那种被父亲暴打的感觉实在糟透了。孩子出生了，又渐渐长大，他不断地疗愈自己童年的创伤，给了孩子最多的爱，让孩子健康快乐地成长。

◆ **帮助孩子管理情绪**

父母要跟孩子分享和探讨关于情绪的知识，比如怎样接纳情绪和转化情绪。父母要告诉孩子，情绪是心理的一个组成部分，永远都不可能消除，只能对它进行疏导和管理。从健康的角度来说，情绪往外释放是对的，压抑情绪容易造成心理困惑，但释放情绪需要做到"三不伤害"：不伤害自己、不伤害他人、不伤害环境。

和孩子一起进行"头脑风暴"，看看哪些处理愤怒情绪的方法符合"三不伤害"原则，比如深呼吸、离开现场、对着大海大山大声喊叫、打沙袋或做心理咨询等，还可以将这些方法列成一张清单贴在墙壁上，和孩子约定并共同遵守。

◆ **用信任和爱感化孩子**

在孩子暴力行为的背后，是对父母爱的呼唤。在培养孩子或改变孩子的过程中，没有爱做支撑，无论使用任何方法都不是真正的教育。孩子产生暴力行为后，父母要跟孩子一起努力，并给予充分的信任，相信孩子一定会从暴力的孩子转变为有爱心的孩子。

父母内心充满爱的能量，就可以帮助孩子做到真正的转变。父母用爱来教育孩子，就会造就一个有爱的孩子，给社会输送一份和平的力量；父母用恐惧来教育孩子，在孩子的成长过程中使用暴力，就会造就一个有暴力倾向的孩子，给社会输送一个"紊乱型"孩子，增加一份社会的不安定因素。

父母有爱，培养的孩子就会充满了爱，去温暖身边的每一个人；父母有暴力倾向，培养的孩子内心就会充满了愤恨，对身边的人实施暴力和攻击。父母从没给过孩子爱，孩子自然也就没有爱给别人。就像父母不给孩子苹果，孩子就没有苹果跟身边的人分享。

◆ **发掘孩子身上的优点，提高孩子的自信**

孩子的暴力行为源于安全感和认同感的缺乏，并得到很多的暴力，所以当孩子没有安全感时，就会用暴力掌控身边的人和事。认同感是自信心的萌芽，要重新建立孩子的自信和勇气，父母就要参与进来，不断地认同孩子，发掘孩子身上的优点或特长，找到可以施展孩子特长的机会，培养孩子的自信心，并多利用鼓励和分享等方式增加孩子的勇气。

◆ **父母要有足够的耐心**

任何行为习惯的改变都不是一蹴而就的，父母真正放下了暴力，孩子依然会出现反复，但可以确定的是，暴力行为会逐步消退，直到最后完全消失。

孩子的暴力行为如同一个皮球，不会一下子停止弹跳，在弹跳过程中,如果父母无法接纳又拍打了几下,皮球就会再次弹高;如果不再给予拍打的外力,皮球最终就会停下。

◆父母要搭建孩子跟老师、同学、朋友之间的桥梁

对孩子的爱,需要抓住关键期。在孩子的0~7岁这个年龄阶段,父母要给予孩子最充足的爱和关怀。7岁以后孩子更在乎老师、同学、同伴、朋友甚是异性等社会支持系统对孩子的影响,所以父母要建立起社会支持系统与孩子之间的桥梁,让他们爱自己的孩子。比如,创造机会让孩子与同学、朋友交往,让老师对孩子多一些关注和爱,帮助孩子建立良好的社会支持系统。

只要父母改变了自己的教育模式,真正去掉了暴力,用爱感化孩子,并不断地正面强化,给孩子足够的安全感和认同感,孩子一定会改正暴力的行为。

21. 孩子做事磨蹭怎么办

岩岩是初中二年级学生,她妈妈是我工作坊的学员。岩岩妈跟我讲述了岩岩的故事。

岩岩的生活和学习都很拖拉磨蹭,主要是缺乏时间观念,每天起床、洗脸、刷牙等都要催,吃饭和睡觉也需要不断地催促,甚至放学回家后写作业也要催,即使写作业也是拖拖拉拉,一会儿出房间到客厅溜达一圈,一会儿打开电视看一看,有时还会借妈妈的手机假装看老师布置的作业,其实是在刷小视频。

每天晚上做作业，岩岩都会拖到 11 时许，严重影响第二天上学。

岩岩不仅每天拖拖拉拉，周末和寒假暑假更是如此，直到快开学了，才会匆匆忙忙赶作业，根本无法保证作业质量。其实，岩岩自己也知道拖拉不好，就是没有行动起来的动力，也不知道为什么。

所谓拖延症，就是在能够预料后果有害的情况下，依然把计划要做的事情往后推迟，是一种普遍存在的、有害的自我调节失败的形式。拖延症的人会为要开始或要完成任何任务或决定而感到焦虑，将拖延作为应付这种焦虑情绪的方式。

不管是孩子还是成年人，都存在这种情况。一般来说，孩子在面临以下几种情况会拖延：对自己感到不愉快的事情拖延；对难以完成的事情拖延；对需要做但难以做出的决定拖延。岩岩本来知道拖延不好，但还是在生活或学习中拖延，用催促、指责等负面强化的方式根本无法解决问题。

孩子长期拖延并形成了习惯，内心就会出现压抑、烦躁、沮丧和自责等情绪。拖延症虽然不是精神疾病，却会影响一个人的心理状态，严重的还会出现抑郁、焦虑、消极等观念，对身心造成一定的危害。

◆增加孩子做事的快乐和价值

孩子的拖延磨蹭行为，是身上表现出来的一种结果，要想解决这个结果，首先要找到造成孩子拖延的原因。

首先，在生活或学习中，如果孩子出现了拖延和磨蹭，意味着做这件事并不快乐。快乐，快乐，只有乐了才会快。因此，父母可以反思一下，看看在孩子拖延这问题上有没有增加"快乐"。比如，父母破坏了孩子的安全感和成就感，孩子内心的感觉不仅不是快乐的，还很糟糕，行为上就会出现消极对抗。

其次，孩子对拖延磨蹭的事情，觉得做起来有没有兴趣或价值感。以孩子赖床为例。能够叫醒一个人起床的不会是闹铃，因为赖床的孩子闹铃响了后可以无动于衷，也可以爬起来关掉闹钟后继续睡觉。真正能够让一个人快速起床的，是他是否有理想和梦想，他觉得起床后做的事情是否有价值感。

为了激发孩子做事情的兴趣，一位妈妈使用了"有限的选择"的方法，就是给孩子提供两个他感兴趣的选择。比如，让孩子快点去做作业，说："作业时间到了，你想像一只小鸟一样飞过去，还是像一只兔子一样蹦过去？"

听了妈妈的话，孩子就会觉得妈妈跟自己是一种爱的互动，每种选择都是快乐的。

如果希望立刻睡觉，妈妈可以说："睡觉时间到了，你想听一个睡前故事，还是听两个睡前故事？"

通过睡前故事，孩子不仅能够感受到妈妈的爱，也能激发早睡的兴趣；孩子该做作业了，妈妈可以说："今天你的作业，是计划先干掉难题，还是先干掉容易的题？"孩子的每一个选择都感觉很有意思，就会充满动力。

◆千万别让孩子情绪糟糕地做事情

孩子在做一件事情过程中，如果父母使用了命令、批评、比较、恐吓、质疑、惩罚等不良的教养方式，孩子内心的安全感就会被破坏，就会进入一种糟糕的情绪状态。心理学研究发现，让一个人情绪糟糕地去做事，他的潜意识就会抗拒，然后就会无意识地做不好这件事。

只有使用民主的、平等的、慈爱的、理解的、宽容的、正面的、有效的、因人而异的、不以伤害为代价的良好的教养方式，孩子内心才会是踏实的、有安全感的，消除了孩子顾虑和抗拒的心理根源，孩子做事情就不会出现磨蹭拖拉等现象。

◆ 使用一些让孩子快起来的小方法

一分钟专项训练：通过一分钟专项训练，让孩子体会到时间的宝贵，意识到原来一分钟可以做很多事情，让孩子珍惜时间。同时，也可以提高孩子的写字速度和做题速度。训练时，以一分钟为一组，每天训练几组；要记录孩子的成绩，并进行对比，练习时间以一周为宜。

训练孩子专心做题：准备几十个简单的加减法算数题，根据年级不同，设置不同的难度。规定一分钟，看孩子最多能做多少道题。让孩子感觉一分钟能做十几个小题，而自己写作业时，有时候很久也做不完一道小题。

一分钟写汉字训练：找一些笔画和书写难度相当的生字，看孩子在一分钟内最多能书写多少个，然后对每次的情况进行对比。注意：不要跟大人比，要让他跟自己比。

一分钟写数字训练：让孩子每天练习数字书写，以 0~9 十个数字为一组，看孩子一分钟能写多少组数字。刚开始可能写几组，经过训练，最后每分钟能写到十几组，而且很工整。

◆ 节约的时间由孩子自由支配

很多父母比较焦虑，担心孩子学不好，或者想让孩子学得更好，喜欢给孩子布置额外的作业。比如，孩子完成了老师布置的作业，孩子还需要完成家长布置的英语朗读作业；读完英语，还要做数学题……父母给孩子安排得相当充分。孩子能够看出问题之所在，那就是只要有空闲时间，父母就会安排任务，孩子自然就会化整为零，边写边玩，拖很长的时间，老师布置的作业没有完成，父母也不会另外安排任务。为了解决这个问题，父母可以把每天老师布置的作业做一个大概的时间估计，对孩子需要完成的任务（包括父母布置的任务）做一个时间预估，给孩子留下休息的时间（自由支配的时间）。如果一共需要一个半小时，孩子一个半小时完成了甚至提前保质保量地完成了，余下的时间就必须由孩子自己支配，比如：玩自己喜欢的玩具、打一会儿游戏、进行一会儿体育锻炼等。孩子只要养成这样的习惯，就会抓紧时间完成作业，因为早点写完就能早点玩了。

◆ **越催越慢，因此要坚持表扬**

看到孩子做事情磨蹭，很多父母喜欢不断地催促，结果越催促孩子的动作越慢。因为一个人被催促着做一件事情，根本就体会不到成就感，容易产生内心的对抗。

看到孩子越催越慢，父母会更生气，进而批评或抱怨孩子，形成恶性循环。比如：刚开始可以给孩子出几道简单的题，让孩子在1~2分钟内完成，如果孩子能很快完成，父母要夸赞地、大吃一惊道："还不到1分钟呢！"

随时观察孩子在生活中的表现，孩子如果做事很快，就立刻表扬，比如："现在穿衣服快多了！""现在收拾书包快多了！"……千万不要说"现在穿衣服快多了！如果写作业也这样快就好了"。一句话，只表扬，不提孩子做得不足的地方，激发孩子内在快的动力。

◆ 学会嘉许孩子

对孩子嘉许是记录和重视孩子做事情过程中的进步和收获，是另一种形式的正面评价，更注重过程和努力而弱化对结果的评价，而表扬更注重事情的结果。表扬也会产生一定的负面效果，比如，长期对孩子使用表扬的方式，久而久之，孩子就会过于注重结果和别人对自己的评价。

当孩子磨蹭时，就会缺少动力和激情，为了激发做事的动力，可以采用嘉许的方式。父母要留意孩子做一件事的过程中的点滴进步和努力，明确：在过程中孩子体验到了什么、收获到了什么，并对孩子的努力和收获进行正面评价，让孩子更注重做事情的过程。

有一位学者讲述了自己的亲身经历：

有一次，她到北欧一个教授朋友家里做客，听说对方家里有个女儿，就特地挑选了一件礼物带过去。到了教授家里，她看到这个女孩长着金发碧眼和白皙的皮肤，特别漂亮。她禁不住蹲下，抚摸着孩子的头发称赞起来："你长得真漂亮、真可爱！"女孩接过学者的礼物，后退两步，深深地给她鞠躬并表示感谢："谢谢您！"

孩子愉快地跑出去玩耍，北欧教授严肃地跟学者说："您应该为刚才的称赞道歉！"

学者一脸诧异："教授，为什么？我给你女儿买了礼物，还夸她长得漂亮可爱，我哪里做错了？"

北欧的教授非常认真地对学者说："你知道吗？刚才你夸了孩子不该夸的，却没有夸该夸的。"

教授认为，孩子长得漂亮可爱，不是孩子自己努力的结果，是遗传了父母的外表，表扬孩子的外在相貌会让孩子开始注重外表而忽略了自己的内在，也容易对外表不太漂亮或不太可爱的人产生不尊重，而孩子对学者深深的鞠躬和致谢才是孩子自己的努力，学者却没有意识到这个行为，没有给予表扬。

◆ 从生活习惯训练开始矫正

在孩子的行为中出现了磨蹭的迹象，可以从生活习惯训练开始矫正。我工作坊的一对父母给我讲述了她女儿的事情。早上起床，女儿穿一双袜子要十分钟，坐在床上把袜子翻来倒去，拖拖拉拉，父母着急上班，看到孩子这种情况禁不住火冒三丈。我给她提了几个建议，实践过后，很快就纠正了孩子的这个习惯。

比如，每天和爸爸妈妈比赛穿袜子，看谁穿得更快。在比赛前，先教孩子怎么穿得快，手把手地训练，比赛时大人可以故意放慢速度，让孩子觉得有比爸妈快的可能。还可以在不经意间输给孩子，让孩子觉得自己能做得快，每次都特别开心。

在生活中孩子提高了做事的速度，学习速度也会快起来。此外，也可以让孩子在规定的时间内完成一件事，如果孩子能在规定时间内完成，就表扬或记一颗五角星，得够多少颗五角星，就可以满足孩子的一个愿望。

◆ 不妨来一次"一次管一生的教育"

孩子早上赖床，父母不管使用什么方法，都没有明显的效果；有些孩子写作业，每天晚上都要拖延到十一二点，父母费尽了心思，孩子依然照旧。孩子虽然知道这样不好，就是没办法行动起来，这也导致了亲子关系紧张；有些孩子内心甚至还会充满压抑、自责等负面情绪，严重危害到他们的身心健康。

在工作坊里,我不仅告诉父母一些技巧和方法,还告诉他们另一个不得已才使用的"狠招":让孩子尝到后果。比如,孩子晚上做作业拖拖拉拉,睡眠时间减少,第二天上课无精打采,学习效率低下,父母就给孩子规定一个完成作业的最后时间,孩子在规定的时间内没有完成依然要停止,必须保证孩子的睡眠时间。

第二天孩子没完成作业,老师就会批评他,孩子需要承担没完成作业导致的后果,今后就会抓紧时间完成。如果孩子每天早上都赖床,需要父母催促无数遍才慢慢起床,不妨让孩子迟到一次!当然,父母可以提前跟老师做好沟通,取得老师的配合,如果孩子上学迟到被老师批评,在很多同学面前"丢脸",以后就会因害怕迟到而早早起床了。

需要说明的是,在执行"一次管一生的教育"过程中,最难做到的是父母。孩子赖床,父母担心孩子上学迟到,老师会告知父母或通报谁家的孩子迟到,父母觉得很没面子。为了避免这种事情的发生,父母就要"剥夺"孩子自己起床的责任。学习同样如此。如果孩子没有完成作业,老师可能会落实父母没有监督好的责任,为了避免这种事情的发生,就会"剥夺"孩子自己学习的"责任"。父母只有去掉内心的担心,才能把责任真正还给孩子。

面对磨蹭的孩子,父母不仅要使用正确的方法,还要有足够的耐心,不能操之过急,最重要的是有足够的爱心,在孩子的生命里注入足够的爱,让孩子内心能量满满,不管是生活还是学习,都有足够的动力和激情,不再磨蹭。

22. 孩子缺少自信怎么办

菲菲是个 15 岁的初三女孩，在班里成绩处于中下水平，非常听话，但很少说话，特别害怕在大庭广众之下讲话，跟同学朋友交流也很少，上课更不会主动举手发言。

爸爸妈妈开车几百里路，专门带菲菲来到心理咨询中心。菲菲坐在沙发的一角，低着头不说话，双手不停地摆弄衣角，爸爸妈妈开始数落她平时不爱说话，做事缩手缩脚，跟她同龄的表妹比差远了。在父母的一再威逼下，菲菲才开口说话，声音非常小。爸爸妈妈明确其来的目的就是帮助孩子提高自信。

自信，简单讲就是自己相信自己。一个自信的人，他会相信自己有能力去应对各种状况和问题，相信自己在人群中是受欢迎的人，更有勇气去开拓和创新，不会害怕任何情况的发生，敢于面对人生的挑战。而缺少自信的人，内心总会有负面评价：我不行，我不好。

孩子出现了不自信的表现该怎么办？

◆父母反思平时是否对孩子否定太多

命令、批评、恐吓、比较、质疑和惩罚等都是不良的教养方式，会造成孩子的不自信。自信的孩子在他的内心是自我认同的，而自我认同是由孩子成长过程中父母的认同内化而成。因此，在孩子早年，给孩子足够的认同感，是培养孩子自信的最好方式。孩子出现了自卑等表现，先检查孩子成长过程中父母的教养方式是否出现了问题，从自身查找原因，这也是一个智慧父母首先需要具备的心态。

◆ 没有比较，就没有伤害

父母拿自家的孩子和别人家的孩子做比较，孩子并不会因此而进步，反而会将自己保护起来，抵挡比较带来的伤害。就像丈夫将自家妻子和别人家的妻子比较，或者妻子将自家丈夫和别人家的丈夫比较，双方都不会因此而改变，反而会相互指责。父母可以让孩子跟自己比较，比如这次跟那次比、现在和过去比。

比较会伤害孩子的自尊心：自尊心强的孩子，听到父母的比较后，很容易产生逆反心理，父母越比较，越希望他们上进，效果反而越会适得其反。

比较会打击孩子的自信心：比较其实是向孩子传递一个信息，就是"你不如别人，别人可以做到，而你不行"，这样的表达传递着父母对孩子的失望，而这种失望对孩子的能力是致命的打击。

有一次，我给一所小学的教师培训，现场做了一项调查，题目是：如何帮助学习成绩差的孩子调座位。多数老师都是将学习优秀的同学和学习成绩差的同学调为同桌，后来大家分析发现这种做法似乎并不乐观，学习成绩好的越学越自信，学习成绩差的越来越糟糕。正是因为比较，导致学习成绩差的孩子失去了信心。就像大部分父母都认为孩子很聪明，最后却因为在不断地比较中失去了信心导致成绩落后。

◆ 根据环境变化调整孩子的认知

除了家庭成长环境的影响，还要考虑家庭以外的环境因素，比如，自信的孩子，自从升入高中重点班后，原来引以为傲的学习成绩在班里成了中下水平，在众多成绩优异的孩子面前就会渐渐产生自卑感，甚至还会失去学习兴趣，继而变得厌学。

如果孩子的认知水平依然停留在原来的层次上，父母就要引导孩子认识到环境的变化，调整自己对个人能力的客观认识。我记得，自己从小学到初中一直都是当时学校的"学霸"，考入重点高中后，我却发现自己的成绩只能算是班级中等水平，但我的认知依然停留在"我是学霸"的层次上，造成了巨大的心理压力，成绩反而出现了大幅下滑，内心变得自卑起来，甚至一度出现了抑郁焦虑的情绪。

◆ 还给孩子属于他自己的选择

每个孩子都是自然界的奇迹，以前没有像他一样的人，以后也不会出现像他一样的人。父母要让孩子保持自己的本色，不要刻意扭曲孩子的选择，要让孩子在他自己的人生轨迹上活出自己的生命价值。当孩子体验到真正属于自己的价值感时，就能培养一个真正自信的孩子。

一位妈妈在工作坊里讲了博士儿子的故事。

孩子上大学一年级时，主动跟父母提出退学开网店的想法，结果直接被父母回绝。父母无法接受这个建议，他们打算让孩子读到博士毕业，沟通了几次都没有达成一致，最终出现了严重的亲子问题。

最后，儿子只能屈服于父母，上完了四年本科，又读完研究生直到博士毕业。毕业那天，儿子带着毕业证回到家，将其放在父母面前说，这是你们要的学历证，我交给你们，接下来我要去开网店了，你们不要管我！

◆多鼓励和倾听孩子分享

不够自信的孩子往往缺少勇气，给孩子一些鼓励，就会激发孩子做事情的动力。孩子在做事情的过程中会获得亲身体验，有体验就会获得成就感。越批评，越会打消孩子的动力，因此一定要引导孩子去表达体验中的感受，无论是痛苦还是快乐，是成功还是失败，是顺利还是挫折。在表达过程中，我们要耐心倾听，满足孩子分享带来的快乐和成就感。

◆父母的焦点在哪里，能量就在哪里

父母的焦点在孩子的缺点方面，孩子的缺点就会被放大，而且越来越多，因为焦点在缺点，父母就会用批评、指责甚至打骂等负面强化的方式去矫正负面行为，反而会进一步强化这些行为。如果父母的焦点在孩子的优点上，父母就会用表扬、鼓励、嘉许等正面强化的方式给孩子足够的动力，让孩子的自信心越来越强。

23. 孩子没有责任心怎么办

心理咨询中心因为13岁昊宇的到来，一下子"热闹"起来。昊宇有一个强大的"亲友团"陪伴，爷爷、奶奶、外公、外婆、爸爸、妈妈等一起围着他，将他涌进咨询室。

昊宇进来后，一下子躺在电动躺椅上，开始摆弄电动躺椅的升

降按钮。奶奶忙不迭地给他喝了口水，外婆赶忙用纸巾擦拭了下他的嘴角。

昊宇妈妈说，她儿子是一个完全以自我为中心的人，很自私，衣来伸手，饭来张口，从不做家务，也不认真学习，天天拿着iPad，做的饭菜符合他的心意就只管自己吃，不合口味就让大人重做，从来不管大人累不累……

昊宇是家里唯一的孩子，老人都已退休，昊宇爸妈也是企业高管，家庭经济宽裕，双方老人都为孩子的将来准备好了足够的存款，只希望孩子能一门心思地好好学习，将来考上理想的大学为他们争光。昊宇却非常任性，是否去上学完全根据自己的心情，整天泡在家里上网，毫无进取心。

我问昊宇："你妈妈说的是事实吗？"

昊宇一边摆弄电动躺椅，一边漫不经心地说："……学习太累，实在没意思。我不需要好好学习，反正我家不缺钱……我就想天天玩儿。我觉得我现在的生活非常好，要什么有什么，他们都尽量满足我。只是我爸妈老认为我有问题，到处领我看病咨询，真是烦死了。"

责任心是一个人成长的动力。对家人、对朋友、对国家的责任都可以成为我们奋斗的动力。责任也是一个人走向成功和卓越的必备人格素质。

一个有责任心的人，一定是一个懂得选择并愿意为自己的选择承担结果的人；没有责任心的孩子，无需自己作选择；身边的人已经为孩子做好了选择，他无需为这些选择承担结果。

昊宇生活在优越的家庭环境里，却没有足够的责任心来为自己的人生负责。那么，面对这种没有责任心的孩子，如何进行引导呢？

◆ **溺爱娇惯会导致孩子没有责任心**

溺爱娇惯，是指对孩子的要求不分青红皂白地无限制地满足，什么事情也不让孩子动手，什么苦都不让孩子受。这种教养方式会造就一个没有责任心的孩子。父母可以检查一下是否也曾有过以下行为，如果有下面这些行为，请务必矫正：

特殊待遇：孩子在家中处于中心地位，是家里的"小皇帝"，享受"高人一等"的待遇，一切围绕着孩子转。

无限满足：只要孩子要求的，不管对错，也不管是否合理，都会无原则地满足，要什么给什么。有的父母觉得"再穷不能穷孩子"，即使自己省吃俭用，也要满足孩子的要求，哪怕是无理要求。

生活懒散：孩子饮食起居、玩耍学习等，没有规律，想怎样就怎样，睡懒觉，不吃饭，白天游游荡荡，晚上看电视、玩手机电脑到深夜等。

包办代替：由于父母的溺爱，三四岁的孩子还要喂饭，还不会穿衣；五六岁的孩子还不会做任何家务事，不懂得劳动的愉快和帮助父母减轻负担的责任。

剥夺独立：为了绝对安全，父母不让孩子走出家门，也不许他和别的小朋友玩。更有甚者，有的孩子成了"小尾巴"，时刻不离开父母或老人一步，搂抱着睡，偎依着坐，驮在背上走。

袒护错误：孩子犯错误时，父母总是视而不见，以"孩子还小，不能管得太严"为理由袒护孩子，孩子是非观不明确，也不会为后果承担责任。

◆ **从做家务开始培养责任心**

哈佛大学做过一项调查，发现爱做家务和不爱做家务的孩子相比，成年之后的就业率、犯罪率和离婚率有很大差别，就业率和犯罪率的比例分别为 15∶1 和 1∶10，爱做家务的孩子离婚率也低。研究表明，在孩子的成长过程中，家务劳动与孩子的动作技能和认知能力发展，特别是责任感的培养有着密不可分的关系。

但现实生活中，父母在孩子小时容易以"孩子还太小，家务活做不了"或"孩子做家务耽误学习"等理由不让孩子做家务，等孩子年龄大一些时又会抱怨说："什么家务都不做，让他做家务就以各种理由逃开，别说做家务，就连自己的房间都不收拾，书包里的作业和文具也是丢三落四。"

激励孩子做家务，对 7 岁以前的孩子，可以多采用一些游戏的方式。比如，让孩子扮演清洁队员，父母扮演收购员，让孩子开着玩具车，收集各种需要清理的东西，然后交给收购员父母处理，激发孩子做家务的兴趣。对年龄大一点的孩子，可以明确告诉他，做家务是每个人的义务，是体现家人相互关心的一种方式。我儿子马上中考，我告诉他："科学证明，饭后刷碗可以提高一个人的专注力和放松减压。饭后刷碗时，因为瓷碗易碎，需要特别小心，所以需要非常专注和认真。而且，在'叮叮当当'的乐曲中，看到自己刷得洁白干净的瓷碗，心情就会特别放松，也会很有幸福感。"儿子总能在戏谑中将碗筷很快洗刷干净。

孩子做家务时，要及时给予正面评价，强化孩子做家务的价值感，促进孩子责任感的形成。

"谢谢宝贝的帮助，你帮妈妈擦桌子，妈妈感觉今天特别轻松呢！"

"儿子都会盛饭了，你盛的饭爸爸吃起来特别香！"

"谢谢女儿帮我洗衣服，要不然明天我可能就没有干净衣服穿了！"

在孩子的不同年龄阶段，可以做不同的家务：

2~3 岁：收拾玩具、简单地整理鞋架、摆放物品、简单擦桌子等。

3~6 岁：收拾书包、叠被子、收拾碗筷、简单打扫卫生、提东西等。

6~12 岁：整理房间、做简单饭菜、照顾宠物、晾晒衣服、收拾行李、打扫卫生等。

12 岁以上：力所能及的家务都可以做。

◆给孩子提供选择和付出的机会

人生就是不断"选择"的过程，教育的一个目标就是把孩子培养成一个站在人生转角时能够做出最明智的选择的人。为此，需要从孩子小时候起就对他们进行"选择"的训练，父母绝不能代替孩子做选择，应该尽可能地多给孩子选择的机会。比如，打开冰箱时可以问孩子："今天晚上想吃什么饭？可以做蒜香排骨，也可以做糖醋带鱼，还可以做红烧茄子和土豆饼。"

商场里购物时，可以问孩子："现在需要买一双袜子，你喜欢红颜色的还是白颜色的？"

孩子参加兴趣班时，可以问："你想参加舞蹈班，还是绘画班？还有钢琴和围棋，选一个你感兴趣的吧！"

虽然都是生活中的小事，但正是这些小事才能训练孩子选择的能力；而且，这些选择都是自己亲自做出来的，孩子就会为自己的选择承担责任。

工作坊里有一位妈妈说："我女儿只有 5 岁，很难做出好的选择。有一次，她选择了一件裙子，我发现她的眼光真的很落伍，那件裙子的款式已经过时好久了！"

这里，妈妈站在成年人的角度，看重的是款式的新旧，却忽略了培养孩子的选择能力比衣服款式的新旧更重要。

多给孩子提供付出的机会。比如，家里添置新的物品、外出旅游、给亲朋好友买礼物、给灾区捐赠物品等，在这些活动中，都给孩子留一些付出的机会。又如，让他们拿出一些零花钱来购买物品。也可以鼓励孩子贡献力量做一些有意义的事。如带孩子一起为灾区的小朋友捐款，让孩子参加一些与贫困孩子结对子学习的活动，都是很好的活动。这些活动都可以丰富孩子的内心世界，培养孩子的情商，让他们更懂得付出爱心、懂得珍惜和感恩。在这些活动中培养出来的品格会让孩子受益终身。

◆父母以身作则，为选择承担后果，鼓励孩子自己做决定

父母要有责任心，因为孩子会以父母为榜样。父母通过语言教育和榜样教育，可以培养孩子的责任心，不能寄希望于孩子长大后自然就会有责任心。心理学研究发现，榜样教育比语言教育效果更好，因为语言是由文字和符号组成的，潜意识不容易直接接收；而身教是父母做出来的一种形象和画面，能够直接进入孩子的潜意识。

孩子做了选择，就要为自己的选择承担后果。

妈妈带着儿子逛超市，妈妈给了孩子5元钱，在5元钱范围内，儿子可以选择自己喜欢的物品。儿子看到一个10元钱毛绒狗饰件，爱不释手，央求妈妈给他买。妈妈跟儿子商定，如果要买这个毛绒狗饰件，超额的5元钱需要回家后儿子用自己储钱罐里的钱还给妈妈。

在孩子做选择时，难免会出现一些过失或错误，除了要让孩子为自己的选择负责，也要接纳孩子的过失和错误。在日常的心理咨询个案中，很多父母为了避免孩子的过失和错误，而为孩子包办一切，比如，担心孩子

上学迟到，不得不一遍一遍地催促孩子上学，甚至替孩子穿衣服；担心孩子出现错题帮助孩子检查作业等，这确实在考验父母的定力。

父母希望孩子能够保持自信和勇气，就要接纳孩子的过失和错误。虽然这样会让父母付出一定的代价，但这样的代价是值得的。就像孩子在学习走路的过程中一定会摔跤，在学说话的过程中会磕磕绊绊、结结巴巴一样，孩子成长的路上永远需要父母的理解和支持。

鼓励孩子自己做决定。父母完全可以让孩子学会自己做选择，比如交什么样的朋友，和谁一起学习和游戏，业余时间学什么兴趣爱好，双休日是去书店还是游乐园……当孩子遇到困难、碰到需要解决的难题时，父母不要急着帮助他们或代替他们做决定，而要鼓励孩子在实践中去获得经验和教训。

对于孩子来说，这些经验和教训非常重要，因为这些都是他们的真实体验，是培养他们解决问题能力的好时机。

◆ 少表扬、多鼓励，重过程、轻结果

太过看重结果，会让我们忽略过程的重要性。培养孩子的责任心，虽然我们要的是结果，但要想达到这个结果，关键还在过程。在这个过程中，如果孩子付出了努力，我们一定要给予肯定。因为这份肯定可以让孩子最终成长为一个有责任意识的成年人，最终实现梦想。缺失了这个过程，孩子就会一无所获，永远停留在幼稚之中。

在我们身边，这样没有真正长大的成年人实在太多。

我不得不再次强调一下表扬和鼓励的用法。表扬和鼓励都是为了激发孩子做事情的动力，二者之间又存在很大的不同，表扬是对结果的评价，过度使用表扬，孩子就会在乎结果，注重别人的评价，没有达到想要的标准孩子就可能逃避和推卸责任，因此要少用表扬。父母多用鼓励的方式，孩子就会注重做事情的过程和体验，弱化结果。

◆ 把孩子放在家庭的责任者地位

父母不仅要扮演好父母的角色，还要学会做孩子的朋友、学生等，将高高在上的姿态放低，才能与孩子平等、民主地协商和探讨生活中的事项，孩子也会愿意与父母沟通。遇到问题后，很多孩子首先想到的不是向父母寻求帮助，而是去找父母以外的其他人，父母确实需要转换角色，与孩子真诚相待。

父母愿意把孩子放在家庭责任者的地位，在家庭遇到一些重大事件时与孩子共同探讨，就会激发孩子强烈的责任心，比如：家里要买房子，可以让孩子参与进来，听听孩子的意见和建议，买了房子后如何装修，如何布置书房和卧室；全家人要出去旅游，听听孩子的想法；走亲访友时，征求一下孩子的意见。

这些生活细节都可以让孩子参与进来，并愉快地接受孩子的建议，孩子就会真切地体会到家庭主人的体验，就能形成一种民主和谐的氛围，继而让孩子更容易承担起应该承担的责任。

24. 孩子情绪烦躁怎么办

慧婕17岁，正上高中二年级，是很多父母眼中的"别人家的孩子"。距离高考只有一年时间，父母很关注孩子的状态，可是最近一段时间孩子注意力不太集中，经常情绪烦躁，父母开口说几句就开始烦躁，在家里一不顺心就发脾气，爸爸妈妈和慧婕一起来到咨询中心。

刚坐下，爸爸妈妈就你一句我一句地开始讲女儿的情况，通过他们的表情和语气语速，我判断出他们非常焦虑。爸爸说话时妈妈插了一句，爸爸就会立刻生气地呵斥妈妈住嘴，不要打断他说话，妈妈委屈得想要流泪。女儿唉声叹气地闭着眼睛靠在沙发上，没耐心听爸爸唠叨。过一会儿睁开眼睛生气地打断了爸爸说话，摆手示意他们赶快出去。

当咨询室只留下我和她时，她的情绪才慢慢平复下来。我给慧婕做了几个量表测试，她并没有明显的心理障碍问题。

在中学阶段，像慧婕这样的学生有很多。青春期，他们学习压力大，整个家庭的情绪环境处于负面状态。孩子情绪烦躁的问题，跟孩子的情绪管理问题有关。那么，父母意识到孩子情绪烦躁了，该怎么办呢？

◆**父母要先了解什么是情绪**

要想帮助孩子做好情绪管理，首先就要对情绪有一个基本的了解和认识。

首先，情绪是一个心理学名词，是一个人的心理组成部分，对于个人来说，除了身体外，还有心理这个层面，情绪就是心理的一个重要组成部分。因此，情绪是不可能消失的，只要有心理活动就有情绪，它会跟随一个人一生，从出生到临终，都一直存在于个人的心理活动中。

其次，情绪是心理活动中的一股流动的能量，不是一成不变的，而是一直都处于变化中，甚至很多时候让人"捉摸不定"，比如，孩子当下很平静，父母可能说了一句话，他就立刻生气，过了一会儿又开心了。

最后，情绪有能级。美国著名的心理学教授大卫·霍金斯花费几十年研究，发现了一个有关人类意识的能级水平，能量层级从低到高分别为：羞愧（20）、内疚（30）、冷淡（50）、悲伤（75）、恐惧（100）、欲望（125）、愤怒（150）、骄傲（175）、勇气（200）、淡定（250）、主动（310）、宽容（350）、明智（400）、爱（500）、喜悦（540）、平和（600）、开悟（700~1000），层级越高，情绪能量越高。比如，能级最低的是羞愧，只有20的数值，也就意味着父母羞辱孩子，孩子感觉羞愧时，孩子的能量级别就会被打到最低状态。当孩子的能量级别达到200（勇气）时，负面情绪就会转变为正面情绪，因此鼓励对孩子的重要性不言而喻。父母鼓励孩子，会让孩子变得有勇气，从负面情绪转变为正面情绪。

◆**烦躁的情绪背后必有未被满足的需求**

青春期的孩子情绪容易烦躁。青春期孩子生理发展较快，尤其是性激素猛增，会带来情绪和行为的改变，比如情绪烦躁、因压抑带来的心理疾病以及性伤害等行为问题，而情绪的变化相对于因压抑带来的心理疾病以及性伤害等行为问题来说还是孩子在青春期变现出来的相对良好的状态。平时父母要给孩子提供运动的机会，尤其是剧烈运动，更能让孩子宣泄内心的负面情绪。

负面情绪的背后可能有未被满足的需求。也就是说，孩子并不是无缘无故地烦躁，可能是身边的人没有感知到孩子的感受，无法满足孩子内心的需求造成的。

雨泽今年上初三，马上面临中考，每天需要做各种作业，需要大量刷题。可是，当他坐在书房里专心做作业时，妈妈就会不时地去敲他的房门，让他不要做其他事情，还要求儿子开着房门学习。妈妈离开之后，爸爸很快也会放下手机，走进孩子的房间不断提醒，"上次月考成绩年级排名又下降了几十名，不知道你每天到底在想什么！"刚要退出房间，又转过身来让雨泽快点做作业，还说做完了要全面检查。

这些情况几乎每天都会发生。只要一想到这些事情，他就特别烦躁，有时会提高音量对父母说："我的事以后你们不要管！烦死了！"

生活中，类似的生活场景随处可见。作为父母，首先要学会反思，孩子之所以会出现烦躁等负面情绪与父母的教养方式有很大关系，命令、恐吓、批评、比较、惩罚、质疑等不良的教养方式，不仅不能让孩子感觉到民主、尊重、平等、自由、关心、理解，更会让孩子内心无法感受到父母对自己的爱。

◆父母的烦躁会导致孩子更烦躁

孩子出现了烦躁的情绪，不能直接给他冠以"不听话""跟父母顶嘴""叛逆"等负面标签，要反思一下父母的哪些言行导致了孩子的烦躁。孩子不会无缘无故地烦躁，可能是父母没有考虑到孩子的内心感受，直接从父母角度出发进行说教。有的父母随口说了几句，孩子就开始烦躁，看到孩子这种反应，父母就会变得非常恼火，跟孩子大动干戈，让亲子关系变得非常糟糕。

工作坊里，一位爸爸描述了当时面对儿子烦躁的情景：

有一次，看到孩子总玩手机，我说了他几句，孩子立刻表现得毫无耐心地烦躁起来，直接将手机扔到沙发上，嘴里嘟嘟囔囔地很不服气。我是爸爸，他是儿子，我能惯着他吗？我火冒三丈，打算教训教训他，让他知道在这个家里到底谁说了算!

我走上去大声呵斥了他,孩子被突如其来的状况吓懵了,立刻跑出了家门。我追了出去,喊他回来。他头也不回地走进电梯,我不知道当时哪里来的愤怒,一脚把电梯的门踹开。

儿子愣愣地站在那里,一脸的愕然。现在想想真可怕,我们家可是住20层!不过,当时我内心积压的愤怒一下子被释放了,我觉得自己找回了当爸爸的颜面。

这位爸爸讲述这个故事时,我仍能感觉到他身体和情绪的反应,他无法接纳孩子的烦躁情绪,没有管理好自己的情绪,幸亏在工作坊中学会了情绪管理的方法,并通过自我分析认识到了自己的问题,学会了尊重和理解孩子,并在以后的教育过程中调整了自己的方式,不再沉浸在自己的内心世界,懂得站在孩子的角度考虑问题,父子关系自然也变得越来越和谐。

◆学一点消除孩子情绪烦躁的沟通小技巧

要想满足孩子的内心需求,重要的方法就是学会跟孩子沟通。理解、尊重、平等、自由、权利、关心、温暖等这些需求,很多都是用沟通可以解决的,比如:

"刚才你跟爸爸发火,妈妈知道一定有你的原因,可能爸爸说的话没有尊重到你才让你感觉非常生气的!"

孩子内心真实的感受被妈妈感受到了!

"爸爸知道你现在长大了,有了自己的想法,你这样看待这个问题,从你的角度来说,很正常!"

孩子内心的想法被爸爸看到了!

"发现你躲在卫生间里抽烟,看到你的表情,我感觉很难过,我的孩子一定是遇到了难以解决的事情了,才会通过抽烟来缓解心里的压力,对不对?"

爸爸妈妈没有批评孩子抽烟,还能站在孩子的角度考虑问题,孩子感觉父母是世界上最懂自己的人!

孩子被理解、被尊重、拥有适当的权利和自由、被关注、被爱,孩子内心的需求就会被满足,负面情绪就会被化解,自然就会一起协商解决问题了。

◆ 用语言直接表达自己的需求

一对高情商的父母培养一个高情商的孩子,帮助孩子提高他的情商至关重要。高情商的孩子会表达和管理自己的情绪,比如,孩子内心产生了烦躁的情绪时,不会通过提高音量顶撞、摔东西等行为表达,而是直接用语言告诉身边的人自己内心的真实感受,甚至会直接提出自己的需求是什么。如此,身边的人就会意识到自己的语言或行为的不妥,也会明明白白知道他需要什么,而不是通过他的行为猜测自己到底说错了做错了什么。

比如,孩子很小时,父母没教孩子正确表达自己的需求,他就会用哭闹等情绪和行为来表达。如果孩子跟妈妈说:"妈妈,商场里有很多陌生人,我跟在你身后心里很害怕,你能拉着我的手吗?"妈妈就能知道孩子的感受和需求是什么,不会忍心不拉孩子的手的。当然,要提高孩子的情商,大人首先要提高自己的情商,如果只停留在自己的世界,那就根本无法融入孩子的内心世界。

有一个妈妈非常喜欢逛商场,她也一直觉得自己爱孩子的最好方式是每周陪着孩子逛商场。

有一天,她领着三四岁的孩子走在商场熙熙攘攘的人群里,她发现自己的鞋带开了,就在她蹲下系鞋带的那一刻,她的高度和孩子的个头一样高时,她一下愣住了,她突然意识到,其实每周并不是自己陪着孩子逛商场,而是孩子在陪自己逛商场!

因为在孩子的那个高度,他根本看不到商场货架上琳琅满目的商品,在孩子目之所及的世界里,是匆忙拥挤的人群,是大人手里的重物和一只只摆动的大手,是一条条看不到脸的陌生人的大腿,是巨大的手臂在眼前有惊无险地大幅摆动,甚至偶尔会有身体或货物在脸上磕磕碰碰。

父母真正地换个角度,站在孩子的视角看待这个世界,才能真实感受到孩子的内心。总是想当然地认为之所以这样做都是为了孩子好,就会忽略掉孩子内心世界的真实感受。

◆给孩子提供一个和谐的家庭氛围

高情商的家庭环境,是孩子情绪稳定的保障,也是孩子安全感的重要来源。我经历过很多家庭咨询的心理案例,很多负面家庭环境的案例让我觉得难过。当问题孩子跟家人坐在咨询室里时,经常会看到爸爸很愤怒，妈妈很焦虑，孩子蜷缩在那里很低落。或者还没说几句话，父母双方就先吵起来。看到这种场景，孩子就会用更大的愤怒和喊叫将父母赶出咨询室。

我相信，在这个家庭里也经常会上演这样的场景。在充满负面情绪的家庭环境里，孩子是无法拥有稳定的心理状态的。父母只有创造一个高情商的家庭环境，让每个人管理自己的情绪，拥有一定的同理心，能够站在对方的角度思考问题，彼此满足各人的心理需求，在稳定和谐的家庭里氛围里，孩子所有的烦躁情绪都会被包容和化解。

孩子情绪烦躁的问题，背后隐藏着父母对自身情绪的管理，比如：如何接纳孩子的烦躁情绪，怎样满足孩子的心理需求，如何为孩子创造和谐友爱的家庭氛围。

25. 离异家庭的孩子怎么教育

见到一凡和她的妈妈是在一个夏日的午后。妈妈轻轻敲开心理咨询中心的门，然后转身将一凡拽进来。看到眼前的一幕，让我很惊诧：妈妈很单薄消瘦，虽然化了妆，但无法掩饰脸上的憔悴，女儿比妈妈个头高，身体略有前倾，披着一件厚厚的棉大衣，额头上渗出了细密汗珠，跟这个炎热的夏天显得格格不入。

一凡今年16岁，正在上高一，自从去年父母离婚后，一凡就开始厌学，整夜失眠，还经常说特别冷，只有披一件厚棉衣才觉得舒服和踏实。

了解了一凡的成长经历和家庭状况后，我判断出，一凡之所以会出现这个问题，是因为父母离婚后的一年多时间里家庭教育状况给孩子造成了心理问题。

对于离异家庭的孩子来说，教育是一个沉重的话题。沉重，不在于离异这件事情本身，而在于很多父母在离异后对孩子的教育缺失。在心理咨询个案中，孩子因为父母离异以及离异后家庭教育状况造成心理问题的有很多。

近年来，离婚率逐年攀高，还有很多家庭处于离婚的边缘，很多父母不知道离婚后如何教育孩子，本可以将伤害降到最低却没有做，等孩子出现问题后又懊悔不迭。

父母离婚对孩子是有影响的：

首先，孩子内心会产生愤怒的情绪。父母离异后，孩子会怪罪父母，或迁怒他人，一旦这种愤怒被导向父母一方，孩子就容易归罪于这一方，而把另一方看成是受害者，引发激烈的内心冲突。

其次，孩子内心会产生内疚感。虽然父母离婚跟孩子没有关系，但孩子在潜意识里还会认为是自己的错，如果自己是个乖孩子，父母就不会离婚。

最后，离婚之后的家庭环境容易导致阴阳失衡。比如，妈妈带着孩子，缺少爸爸阳刚的能量；爸爸带着孩子，就会缺少妈妈阴柔的能量，这是导致家庭教育出现问题的重要原因。

当然，父母也要改变一个观念，即孩子是否出现教育问题，根本原因不在于家庭是否完整，而在于家里有没有爱。比如，很多父母为了给孩子打造一个完整的家，但婚姻不幸福，给孩子提供了一个不良的范例，孩子的教育依然会出问题。单亲家庭或重组家庭，只要家里充满了温暖和爱，孩子同样也会健康成长。

电视剧《家有儿女》中就出现了一个重组家庭，但家里充满了欢声笑语和充足的爱，孩子每天都是快乐的。

美国总统奥巴马的母亲安·邓纳姆离异后，对儿子的教育是成功的典型。

安·邓纳姆是一个美国白人，而老奥巴马是肯尼亚的留学生，两人的婚姻很短暂。老奥巴马离家前往哈佛大学念经济学博士，年轻的妻子和年幼的奥巴马被留下了，因为他没钱带妻儿同去。

奥巴马的母亲离婚后，一边求学一边带儿子，生活非常拮据，老奥巴马也没支付过赡养费。在一般人看来，她有很多理由痛恨老奥巴马，但她从来没有抱怨过前夫，也没在儿子面前说过老奥巴马的坏话，每当和儿子谈起他的爸爸，说的都是他的优点。妈妈的爱保护了奥巴马的成长环境，不仅没有出现教育问题，而且奥巴马长大后还成了美国总统。

那么，面对离异家庭的孩子，我们该怎么教育呢？

◆ **对孩子开展情感教育**

父母离婚，必然会对孩子的生命个体造成一定的心理冲击，在心理学上这是一种"应激反应"。父母要给孩子进行一定的引导，真诚地和孩子交流情感话题，开展情感教育，帮孩子理解父母在离婚前的真实情感，从而消除孩子的内心困惑和负面情绪。

首先，帮孩子理解喜欢和爱，喜欢是因为对方身上的某些优点满足了自己，是索取，而爱是无条件地为对方付出，比如：如果我喜欢一朵花，可能会采下来据为己有；如果我爱它，就会心甘情愿地为它浇水施肥、默默守护它。

其次，男孩的情感教育是责任心的教育，女孩子的情感教育是独立的教育。引导并培养男孩的责任心，让女孩有独立的能力，也是情感和人格的独立。不管在什么样的关系里，安全感和成就感都需要依靠自己来获得，只有自己先独立，才能更好地经营好关系。

最后，在一段情感里，如果真的爱对方，就要满足对方的需求，学会照料、尊重和宽容，并给予对方足够的支持和认可。

◆跟孩子说明父母离婚的真实原因

父母离婚的原因，不需要对孩子隐藏或含糊其词地搪塞，可以适当地让孩子了解离婚的真实原因，不管是因为现实原因，还是情感或性格等原因，都要坦诚地告诉孩子，帮孩子缓解负面情绪。在解释的过程中，父母双方都要实事求是，一方不能带有情绪对另一方贬低或攻击，否则会对孩子的心理产生不利影响。

◆告诉孩子成年人之间的事情与孩子无关

父母离婚会涉及孩子抚养等问题，有的父母总是吵架，让孩子觉得自己是一个累赘，毫无价值，甚至认为自己就不该来到这个世界上。要明确地告诉孩子，父母离婚是成年人之间的事情，跟孩子没有关系。离婚时让孩子在父母中做出"跟谁生活"的选择，是一件让孩子很受伤害的事情。

◆爱的承诺和现实的联结一样都不能少

父母离婚本身就是对孩子内心安全感的破坏，而安全感的重建需要父母跟孩子良好地沟通。要明确地告诉孩子：即使爸妈离婚了，但爸妈依然像以前那样爱你，我们依然是你的爸爸妈妈，我们跟你的关系永远也不会改变。就像前面讲的那个高中生跟妈妈要钱的个案，妈妈对孩子的一句爱的承诺，就让孩子建立起了内心的安全感。所以，不管哪一方离开了孩子，都需要语言沟通。

父母离婚后，不要切断跟孩子的联结，要继续和孩子相处和联系。只要爸爸妈妈的爱依然在，孩子就能健康快乐地成长，不要让成年人之间的问题波及孩子。如果确实无法保持联结，也要给孩子补上缺失的部分，比如，爸爸没在身边，可以让继父或者叔叔、舅舅等代表阳刚能量的人陪伴孩子；如果妈妈没在身边，可以让继母或阿姨等代表阴柔能量的人陪伴孩子。

◆父母学会管理自己的情绪

父母无法管理自己的情绪，或采用错误的方式表达情感，会影响孩子的情绪表达方式，甚至在孩子的内心种下憎恨、仇视等不良情感的种子，为孩子的未来埋下隐患。奥巴马的妈妈安·邓纳姆没把自己对前夫的负面情绪和情感传递给奥巴马，保证了奥巴马健康的情绪和情感。

◆父母都有权利追求自己的快乐和幸福

不管是学习、工作和生活，还是做任何一件事情，都要有自己的目标，而"追求快乐，逃避痛苦"是一个人活在这个世界上最基本的生命追求目标。结婚和离婚也都是奔着快乐幸福的目标而去，不管是父母还是孩子，都有权利去追求这个目标，要让孩子认识到爸爸妈妈在离婚后依然很爱他，并且他们依然拥有自己人生的快乐和幸福。

26. 孩子和老师闹矛盾怎么办

晓斌爸妈是为晓斌的事来咨询的。

晓斌正在读高三，前些天因为带手机到课堂上被数学老师发现，老师没收了他的手机，并当着全班学生的面批评了他。晓斌顶撞了老师，老师非常生气，把他赶出了教室，要求他每次上数学课都得到走廊里站着听，晓斌再也不去上学了。

这可急坏了晓斌父母，毕竟还有几个月就高考了，但晓斌整天躺在家里不出门。父母跟晓斌的老师取得联系，老师也依然在生气，并把这件事报告给了学校。

7岁以后，随着孩子融入学校这个环境里，父母对孩子的影响力会逐渐减小，而老师、同学、朋友和同伴等对孩子的影响逐渐增强。孩子处理不好自己与老师、同学、同伴、朋友等之间的关系，就会变得很苦恼。而父母的智慧是建立孩子和这些人之间的"桥梁"，能够让这些人和孩子之间产生爱的流动。但是在孩子跟这些人互动的过程中，难免会产生这样那样的矛盾，尤其是跟老师之间，孩子更在乎老师对他们的评价和看法，因为师生关系也是一种特殊关系。

◆ **在情绪上请站在孩子这一边**

孩子跟老师闹矛盾后,父母因为担心孩子跟老师闹矛盾会影响孩子,就容易站在老师的立场上批评孩子不听老师的话,或通过说教的方式给孩子讲一些道理。

虽然父母的本意是为孩子好,可因为孩子的情绪没被父母接纳,会让孩子觉得父母是跟老师站在一个立场上,不仅父母不理解自己,还通过这件事情"教训"自己,孩子就会封闭自己的内心,不愿意跟父母沟通。

父母就像孩子的一面镜子,真实地反射出事物本来的样子,可以用一些语言来实现镜子的功能,平静地、客观地、真实地反映孩子的真实情况:

"我知道你现在还很生气。"

"因为没办法再去面对班主任老师,感觉你有些着急。"

"当时你跟老师顶撞,一定是因为老师说了什么让你感觉很丢脸,我们相信你不会无缘无故跟老师顶撞的。"

这些语言模式就是在情绪上站在了孩子这一边,孩子内心的感受是父母懂得自己。当一个人被另一个人读懂并理解接纳后,他的心是愿意为对方敞开的。世界著名作家海伦·奥克森伯里说:"站在孩子的一边,怎么都不为过。"

◆ **共情老师的心情和教育模式**

在孩子和老师之间发生矛盾,要处理好这件事情,就不能只考虑孩子的感受,也要重视老师的感受。老师需要学生的尊重,学生跟老师发生了冲突，老师的尊严也会受到破坏，所以老师产生不好的情绪也是有原因的。

老师在学校承担了很多责任和辛苦，需要每天面对很多学生，没有足够的精力和时间关注每个孩子的内心，只能通过孩子的行为来判断是否符合学校的标准，难免会出现教育方式的"一刀切"。因此，父母要理解接纳老师的情绪和教育模式。

◆父母在事件方面不能偏向任何一方

只有理解和共情了孩子和老师的情绪，沟通才能顺畅进行，了解到矛盾冲突的焦点和原因，但在事件方面，父母要保证中立和客观，不可偏向于某一方。情绪上站在孩子这一方，孩子是愿意跟父母详细描述冲突的焦点和原因的，老师知道家长理解和尊重自己，自然就会将事情的起因、经过和结果告诉父母。

◆送给孩子一个"阳光过滤器"

孩子和老师闹矛盾，父母要反思在孩子成长过程中对孩子的情商和情绪处理方式的培养。情商培养不能靠老师，而主要靠父母。

情商的第一个关键词就是尊重，也就是教会孩子尊重每个跟我们自己不一样的人。在孩子成长历程中，真正给孩子造成伤害的，是那些跟孩子有着特殊关系的人，比如父母、老师、朋友等。这些随着孩子成长的关系，给了孩子很多爱的滋养，处理不好就会反过来伤害孩子，因为他们也都是非常普通的人，有着自己的喜怒哀乐，有自己的好恶标准，会首先满足自己的需求，只是带着一种角色的"光环"。教会孩子反观自己，孩子也是普通人，会有自己的负面情绪和好恶标准，先满足自己的需求；但是普通人还有一项非常重要的特点，就是伤害彼此后又会相互原谅对方。不管是父母，还是老师，抑或是孩子自己，都是普通人，学会尊重别人，就能认识到彼此都很普通，又能在彼此伤害时学会原谅。

矛盾冲突的焦点未必是事件本身，事件发生后不能很好地管理自己的情绪，就会产生很多不理智的行为，从而导致事件的升级。情绪管理，有个很好用的方式叫"阳光过滤器"，也就是一种"太棒了……"的句式，任何事情的发生都可以用这个句式转化，给这件事情一个发生"太棒了"的理由，就能帮助孩子转化情绪。负面事件会让我们心情变得很糟糕，转换一个角度，就可以看到整个事件带给我们有意义的另一面。

◆用书信文字和老师共同商量教育对策

可以面对面与老师真诚地交流，也可以发挥书信文字的魅力。书信文字是很有感染力的一种沟通方式，不仅让人觉得非常正式，文字内容也可以用非常清晰和理智的语言描述出来，老师不忙时可以认真地读这封书信。书信首先要表达对老师的尊敬，案例中老师之所以生气，除了觉得晓斌没有遵守学校规定而带手机上学，更重要的是孩子的言行让老师觉得他不尊敬老师。

书信中，还要表达对老师的道歉和这件事的遗憾，因为父母真正接纳了孩子的情绪，孩子是愿意跟父母表达这件事情发生过程的，父母完全可以满足老师的需求。书信里，还要跟老师协商如何处理这件事，就是说，老师也会思考后续怎么解决这件事情。

◆ **满足老师树立威信的需求**

老师对学生来说是有威严的，也有办法来解决矛盾冲突。父母要配合老师，跟孩子建立新的沟通模式，树立老师的威信，满足了老师的需求。比如，孩子跟老师道歉，或在班级里做检讨等，但必须以充分接纳孩子的情绪为前提，孩子的情绪被接纳了并满足了，孩子是愿意满足老师需求的。

◆ **父母做好"转化器"，切忌做"传声筒"**

父母是老师和孩子之间的"桥梁"，是老师和孩子之间的媒介，因此要做"转化器"，而不是"传声筒"。父母接收到来自老师的信息后，要处理后再传递给孩子，不能直接将老师的信息直接传递给孩子。例如，老师将孩子不好的表现传达给父母，可以让父母引起重视，父母不假思索地对孩子进行批评和责骂，就会影响到师生关系和亲子关系。

采用"传声筒"式的语言模式，孩子只能产生负面情绪和更糟糕的行为：

"下午老师给我打电话，说你上课不认真听讲，还打扰其他同学，妈妈真是被你气死了，天天让我丢脸，看我怎么收拾你！"

"转化器"式的语言模式，孩子会产生正面积极的情绪和有动力的行为：

"下午我跟老师交流了一下，老师表扬你了，说你学习成绩有了很大进步（每个孩子在老师眼里都有优点），老师说只要上课时再专心一点就更好了，妈妈相信你会越来越进步！"

◆ **父母继续用爱联结老师和孩子**

当老师和孩子的情绪和行为被接纳，需求被满足，产生积极改变时，负面事件就会变成一件积极的、有意义的事情。不管是孩子学会情绪管理，还是学会尊重老师，抑或是父母跟老师一起协商解决问题的办法，老师和孩子之间的关系都会更紧密。父母始终用爱联结老师和孩子，父母需要继续用正面积极的方式强化孩子和老师的改变。

27. 孩子恋爱了怎么办

秦岚妈是因为高一女儿恋爱的事情来咨询的，她很焦虑。

秦岚一直都是三好学生，还是学生干部，最近老师反映说她上课总打瞌睡，成绩开始下滑，后来发现她每天晚上都给一个同校男生打电话，看起来关系很亲密。妈妈知道秦岚恋爱了，就没收了她的手机，以为这样可以打消她早恋的念头。

爸爸妈妈给秦岚讲了很多道理，告诉她，现在正是关键时期，这样下去学业会前功尽弃，以前的辛苦都白费。可是，秦岚根本听不进去。他们把这件事告诉了老师，还找了男孩的父母，甚至为此还跟男方父母闹得很僵。

可是越围堵，他们越联系，秦岚甚至说要离家出走。妈妈很不解，原来那么乖、那么听话的秦岚，怎么说变就变了？爸爸打了秦岚一耳光，但收效甚微，秦岚不仅学习成绩落后了很多，还跟父母不说话了。妈妈急于解决秦岚的恋爱问题。

到了青春期，孩子开始对异性产生兴趣是再自然不过的事情。对于孩子来说，在学习和生活遇到问题时，他们更愿意向同龄人倾诉，如果有个比较谈得来的异性朋友，对他们来说是一件非常自然和值得开心的事情。

但是，很多父母不了解孩子的特点，只要男女生产生了情感萌动，就感到非常紧张甚至非常恐惧，立刻围堵、威胁等，将孩子的情感萌动扼杀掉。然而，这样做只能适得其反。那么，孩子恋爱了，父母应该怎么办呢？

◆ **不要围堵和打压**

孩子出现了情感萌动，首先不是批评指责和围堵，因为这样只能适得其反。父母首先要改变自身认知，孩子青春期出现情感萌动是正常的，这个阶段没有情感的萌动反而不正常。产生恋爱感觉后，就会想要珍惜对方，希望对方获得幸福，这是人类最美好的情感，而这个过程是孩子成长路上一个非常重要的体验。

压制打击只会使问题变得更糟糕。男女同学之间联系密切或产生情感萌动，如果受到高压，反而更会强化这种情感，误认为他们是真正的爱情。每个人都愿意对自己的行为拥有控制权，不喜欢有人限制他们的自由，一旦自由受到限制，他们就会采取对抗的方式来保持自由，消除不舒服的感觉。

强迫女儿跟男同学断绝关系，可能使孩子从比较理智的状态变得不理智，变成亲子之间的一场战争，她在高度的心理抗拒之下会做出相反的选择，不但不会放弃，还会增加对对方的依恋程度。

◆ 情感本身不是问题，产生困扰才是问题

青春期孩子的性激素猛增，会带来生理和心理的巨大变化，自然会产生情感的萌动，因此恋爱这件事本身并不是问题。如果这种情感对孩子产生了积极正面的推动作用，就是美好的，只有父母没有做好孩子的情感教育，情感问题才会给孩子带来困扰，影响孩子正常的学习生活，出现较大的情绪波动。

◆ 及时进行情感教育

如果情感问题对孩子产生了困扰，不仅影响了孩子的学习生活，还让孩子产生了较大的情绪波动，父母就要及时补上情感教育这一课，让孩子明白什么是喜欢和爱，什么是独立和责任。喜欢是索取，是因为对方身上的某些优点满足了自己的需求；爱是付出，是去调整自己无条件满足对方的需求。

关于责任和独立，让我们一起来看一下土耳其诺贝尔文学奖得主奥罕·帕慕克的"早恋"经历。

奥罕·帕慕克年少时在一所私立学校上学，与一位女孩陷入了情网，父亲觉察到了他的异常举动，意识到儿子有了心上人。但是，父亲并没有急于"棒打鸳鸯"，而是挑选了一个时间宽松愉快的晚上与儿子进行交流。

"爸爸知道你有了心爱的女孩，这种情感一定很美妙！"

这句话让年少的奥罕·帕慕克不再对父亲有任何防备之心，打开内心，交代了整件事。

接着，爸爸跟儿子讲了自己和奥罕·帕慕克妈妈的恋爱故事。他说，那时候他的年龄比儿子的年龄小两岁，但自己已经是葡萄酒作坊的酿酒师了，每个月可以赚几万元的报酬，也就是说他已经可以为两人的爱情买单了。

父亲继续说，如果男人没有能力自食其力，更不能为心爱的人提供必要的责任保障，哪怕他年龄再大，也不配谈恋爱，只要谈了，就叫"早恋"；相反，只要他立业了，有足够的能力和责任来承担这份爱情，哪怕他再小，也不叫"早恋"。后来，奥罕·帕慕克成名后经常提起这件事，说是父亲智慧的教育让他意识到了独立和责任，他用温柔的方式让我做出了最明智的选择，保持了跟心爱的女孩的恰当距离，没有虚度青春年华。

孩子的恋爱，更多地折射出父母的教育模式：父母内心的恐惧被激发，就会表现得紧张、焦虑和害怕，运用各种围堵的方式直接扼杀掉，就会出现很多不该发生的负面事件。这种教育模式是从父母的安全感和成就感出发的，一旦父母的安全感和成就感被触动，就会打压掉孩子的安全感和成就感；而爱的教育，不是从父母的安全感和成就感出发，而是从孩子的安全感和成就感出发，是站在孩子的角度进行的教育，父母内心充满了爱，就会产生出很多智慧方法，帮助孩子面对各种事情。

比如，孩子很小时会对剪刀感兴趣，但是父母害怕剪刀会伤到孩子，就会用恐惧式的教育把剪刀藏起来，完全不让孩子接触。如果不小心看到孩子拿起了剪刀，父母会担心地大声制止孩子的行为，并让孩子感觉剪刀是一个很可怕的东西，然后父母会谆谆教诲地给孩子讲"剪刀为什么可怕"的道理，孩子听话地停止玩剪刀的行为。可以引起父母恐惧的事物不仅仅是剪刀，还有暖瓶、电源插座、高处的地方、陌生人、各种规则……

孩子对这些事物产生恐惧，最终就会成为一个内心充满恐惧、害怕各种事物的恐惧型孩子，墨守成规，没有突破和创新。而爱的教育方式，是孩子拿到剪刀后，父母首先做的不是直接恐吓命令式地制止，而是激发孩子对这些事物的兴趣："宝宝对剪刀感兴趣了，真不错！那妈妈陪你一起玩剪刀。"父母要教孩子如何利用剪刀的好处，避免剪刀的伤害，并最终通过使用剪刀制作作品激发孩子的兴趣。

在孩子成长的过程中接受教育，爱的教育让孩子学会信任、勇敢、坚强、包容和感恩等；而恐惧式教育会让孩子学会焦虑、担心、控制、逃避和退缩。孩子出现情感的萌动，父母可以学会爱的教育，用爱来感化孩子，不能用恐惧扼杀孩子的情感。父母粗暴式干涉孩子的情感，孩子就会失去学习和生活的动力。

◆ 及时进行性教育

青春期性激素猛增，孩子会产生巨大的生理和心理变化，可以在这个时期开展性教育。因为成年人对性的避讳，容易忽略掉性教育的话题。青春期属于性待期，需要父母的正确引导，避免出现性伤害事件。

性教育最好是同性之间交流，妈妈跟女儿谈独立和自我保护，爸爸跟儿子谈责任等。孩子缺失性教育，就会出现性伤害事件和心理情绪问题。父母要意识到，性本身不是问题，对性的恐惧才是"心魔"。

◆ 将情感暂时冷冻

一位老师讲了他班级里的中学生"早恋"的故事。

老师分别找两个学生谈话，首先理解接纳了他们的情感，说："你们产生了情感,这是一份美好的体验……你们可以将这份情感'打包',将它放在冰箱里冷冻,过了这段时期,再让它'解冻',这不失为一种很好的方法。"

老师没有直接"扼杀"他们的美好情感,而是通过交流沟通,教给他们一个将情感暂时"冷冻"的方法。青春期孩子的情感价值观是不稳定的,情感到了合适的时间被"解冻",他们的价值观可能早就发生了变化。

28. 孩子网络成瘾怎么办

康成考上高中以后,在他的强烈要求下,父母给他买了一部手机,房间里也配上了电脑。可是,从寒假开始,康成就开始在自己的房间关着房门用电脑打网络游戏,平时更是手机不离手,白天睡到很晚,晚上整夜不睡觉,平时也不出门,生活不规律。

因为手机和电脑的事情,爸爸妈妈说了很多次也没有效果,最后只能将手机和电脑藏起来,但是康成情绪很激动,跟父母闹得很凶,并以不去上学相威胁,父母只好作罢。看着孩子没日没夜地打游戏,生活不规律,学习成绩更是从班级中等水平下滑到班级倒数,父母陷入了极度的痛苦中。

孩子手机电脑成瘾问题是现代社会父母普遍存在的苦恼,孩子每天使用手机或电脑上网打游戏,孩子不能管控自己,导致睡眠、身体、上学、交朋友等都受到影响，有的孩子甚至因为手机电脑网络问题与父母产生了激烈的冲突，出现了离家出走甚至跳楼等极端行为，让人非常痛心。

◆ 找到孩子手机网络成瘾背后的原因

不管孩子身上出现任何问题，父母首先要做的就是先接纳这个问题，因为没有第一步的接纳，后续的沟通和改变都很难有成效，因为孩子的内心是封闭的。也就是说，孩子网络成瘾背后一定有原因，只有找到原因，才能制定相应的措施补救。

孩子不会无缘无故地拿着手机不放，父母应自我反思：孩子的习惯培养、生活环境是否有问题，比如，父母回家喜欢躺在沙发上玩手机电脑，亲子关系不好。手机网络成瘾是一个相对复杂的问题，它只是孩子身上表现出来的一个表象。比如，网络成瘾的孩子伴随着学习成绩、人际交往、习惯、亲子关系、情绪管理、人格素质等诸多方面的困惑。

要想解决这个问题，不能直接改变结果，也就是将手机电脑藏起来，或对孩子进行批评说教，甚至将网络撤掉、将手机电脑摔坏，直接改变结果没有任何效果。

比如，看到孩子不去上学，很多父母都会感到着急，不会分析孩子为什么不上学，直接通过威逼利诱或让老师、亲朋好友或咨询师劝说再让孩子回到学校，但是不解决孩子不上学的原因问题，孩子即使回到了学校，用不了几天又会回来。

有些孩子学习成绩不好，没有成就感，平时也没有朋友；在家里，跟父母的关系也不好，孩子只有沉浸在网络里，才会获得暂时的快乐。当父母要求帮助孩子解决网络成瘾的问题时，咨询师是不建议直接解决这个问题的，而是帮助孩子先跟父母建立良好的关系，逐步改变社会支持系统，之后再改掉孩子的网络成瘾问题。也就是说，网络暂时成了孩子逃避的场所。

◆解决手机网络成瘾不能"头疼医头，脚痛医脚"

一般说来，孩子网络成瘾的原因不是单一的，需要父母经过一段时间的分析：父母的教养方式、孩子的行为习惯、孩子学习没有成就感、孩子的生活太单一、孩子时间管理不好、亲子关系问题……在所有原因中，尤以亲子关系问题最突出，如果亲子的关系不好，孩子就无法在现实生活中获得安全感和成就感，而网络是一个虚拟世界，可以模拟出很多安全感和成就感，比如赢一局游戏就会有成就感，获得短暂的快乐。

◆孩子手机网络成瘾背后是父母改变教养模式的功课

如果之前父母给孩子的是命令、批评、比较、恐吓、质疑、惩罚、溺爱、娇惯等不良的教养模式，那么从现在开始，父母要变成民主、平等、慈爱、理解、宽容、正面、有效、因人而异、不以伤害为代价的教养模式。

不良的教养方式会让孩子身上出现一些不理想的行为表现，其中网络成瘾问题就是典型的表现，而这些不理想的表现又会进一步刺激父母继续使用变本加厉的错误方式，导致孩子更沉迷于网络中。这些问题在孩子很小时表现不出来，到了孩子青春期或成年以后就会显现。

不良的教养模式阻断了亲子关系。父母要建立心与心的沟通，跟孩子保持良好的亲子关系。亲子关系不好，就要学会反思：在沟通过程中自己能否理解孩子，是否会倾听孩子的心声？

◆五步法培养孩子的自控能力

孩子每天无所事事，只沉浸在网络，只能获得短暂的快乐，持续沉迷于网络时，内心是空虚和不踏实的，所以孩子在游戏中的情绪其实很烦躁。孩子明白网络对他的影响，只不过他自己无法改变。

第一，给予孩子管理生活的权利。在生活方面，父母要放权，要让孩子学会管理生活。在放权之前，先跟孩子谈谈，做个约定；放权后，再观察是否达到管理的标准，达到标准才能给孩子学习的权利。

第二，给予孩子学习方面的权利。在学习方面，孩子拥有自主选择的权利，在孩子学习的过程中，父母要给予足够的鼓励，如果孩子的学习管理得不错，就能给予人际交往的权利。

第三，给予孩子人际交往的权利。与人际交往有关的自由权交给孩子，只有符合事先约定好的人际交往管理的标准，才能提供人际交往的工具，也就是用手机电脑的权利。

第四，给予孩子使用手机电脑的权利。手机电脑是人际交往的工具而不是玩具，是在利用好了生活、学习和人际交往等权利后交给孩子的，这几方面做不好，直接将手机电脑交给孩子，反而会害了孩子。交给孩子手机电脑之前，首先要做一个约定：手机电脑管理的标准是什么？并在约定里加入奖惩措施。当然，约定也不能很刻板，比如跟孩子约定使用半个小时，孩子稍微超时也可以。有时过一关游戏并不能按照时间计算，可以允许孩子结束一关游戏后再停止。

第五，给予孩子金钱的权利。孩子上高中或大学，需要有生活费等开销时，给予孩子金钱的权利。

自我管理能力的培养是一个渐进的过程，权利对孩子的诱惑力也是递进的，前面几步做不好，直接将后面的权利放给孩子，孩子就不能做好自我管理，父母对孩子的教育也会陷入被动。

◆父母做到言传身教，并帮助孩子建立广泛的联结

家庭生活环境对孩子有影响，父母需要做出改变，比如，每天在家里玩手机电脑，就给孩子做了一个不好的榜样。言传不如身教，身教不如境教，与其苦口婆心地说教，不如自己做到，父母为孩子提供一个安全和谐的环境，就能去掉孩子网络成瘾的土壤。

父母要帮助孩子调整他和同学、朋友的交往环境，为孩子与同学、朋友交往提供机会，比如让孩子邀请同学、朋友到家里玩耍。当孩子跟同学、朋友在一起时，他们的生活将不再单一，孩子会感受到他们爱的能量，也不会沉浸在虚拟世界里。

下篇
做智慧型父母

29. 父母一定要具备的心理素质

作为父母，不仅仅要懂得一些教育的理念和方法，自身还必须要具备一定的心理素质，没有这些心理素质做基础，任何理念和方法都无法发挥它们的价值。

很多父母懂得很多教育的道理，也了解很多教育孩子的方法，就是在面对孩子的问题时管不住自己。比如，明明知道孩子做作业拖拉应该好好跟孩子沟通，可是一看到孩子不专注的样子就忍不住发火，将过去学到的教育方法通通抛之脑后。

家庭物质资产越多，抗风险的能力越强，心里也就越踏实。同样，每个人都有"心理资产"，"心理资产"越多，情绪越稳定，越容易教育孩子；"心理资产"越少，越管不住自己，也就难以应对教育中的问题。

◆父母要有稳定的情绪状态

父母的情绪状态会直接影响家庭教育的氛围。父母情绪不稳定，很容易将自己在生活或工作中的怨气带到家庭里，孩子成了发泄对象，就会处于一种紧张、恐惧和戒备的状态，影响孩子的心理健康，累积到一定程度，就会出现各种情绪和行为的外化表现。父母情绪稳定，心情平和愉悦，就可以给家庭带来和谐和欢乐的氛围。在这种情况下，亲子关系大都较好，孩子心情放松，学习更专注，愿意完成父母和老师布置给他们的任务。

作为父母，要用理智来驾驭自己的情感，努力培养自己的健康情感，保持情绪的稳定，避免大起大落、喜怒无常。很多父母本身的成长经历有很多创伤事件，比如小时候遭受原生家庭的暴力或被忽略，他们又将这种创伤带到现在家庭，婚姻关系和亲子关系都处理不好，无法给孩子良好的教育。

◆ **父母要有足够的安全感**

安全感是一种感觉和心理状态。作为父母安全感的高低，会直接影响对孩子的教育。父母的安全感很低，会在亲子教育中带来哪些危害？让我们一起来做个有趣的心理学的测试。

父母找一个安静的、不被干扰的环境，坐在有靠背的椅子上，也可以躺在沙发上或者床上，把下面一段文字读完（也可以让家人代读）。之后闭上眼睛，做几次深呼吸，让自己平静下来。

按照这个方法，很快就可以测出自己的安全感高低了。

想象自己面前出现了一个黑板，黑板下面有个沟槽，沟槽里有黑板擦和粉笔。然后，想象用粉笔在黑板上画一个圆圈，在圆圈里写数字和擦数字，每写一个数字，就用黑板擦擦掉，从20开始写，一直写到1并擦掉……想象的过程中，让自己完全放松下来。

然后，在你的脑海里呈现出生命中最爱的五个人，让他们清晰地显现出来，看一下这五个人分别是谁，他们出现的顺序是什么，第一个……第二个……第三个……第四个……第五个……他们是你生命中的贵人，想象他们围绕着你，你被他们包围着，特别踏实和安全，因为有他们的存在，你感觉不孤独，生命也因此有了价值和意义。此时此刻，你可以给自己内心的踏实和安全感做一个评分（最低分是0分，代表安全感的数值最低；最高分是10分，代表安全感的数值最高）。

接下来，想象生命中这五个人慢慢地转身，你看不到他们的脸，他们慢慢离开你，越来越远，直到消失在地平线，只剩下一个人在这个世界上时，感觉一下此时此刻没有这些爱你的人的支持和陪伴，自己独自站在这里，内心的安全感还有多少数值（最低分是0分，代表安全感的数值最低；最高分是10分，代表安全感的数值最高）。如果你得了两个分数，就可以睁开眼睛。最后测试出来的数值，就是你最终的安全感的分数。

你的安全感分数很低（通常低于6分的分界值），就会显示安全感不足；安全感不足，在亲子教育中，父母就容易出现一些控制行为，就会出现命令、批评、恐吓、惩罚等行为。因为从心理学上来讲，个人安全感不足时，会用一些方式对身边的人进行强势管控。这些不良的教养方式会破坏亲子关系的和谐，出现不良的教育结果，也就是说，父母仅学到一些教育孩子的方法还不够，还要通过疗愈童年创伤、接纳自己的不足、人格独立等途径提高自己的安全感，不再以爱的名义控制孩子，给予孩子充足的爱。

◆父母要认可自己，改变自己的负面信念

在跟孩子互动的过程中，无论过去发生过什么，都要先接纳和认可自己。在没学习家庭教育的方法之前，很多父母不觉得自己做得不好，直到发现孩子出现了这样或那样的问题，通过学习发现自己之前的做法很多都是错误的，认为是自己伤害了孩子，就陷入了无尽的自责和后悔中。

其实每个爸妈都不是天生就会做父母，都是在跟孩子互动过程中不断摸索、改变和成长的。所以，父母先要认可自己，相信自己一定可以做个好父母，一定可以拥有良好的亲子关系，一定可以培养一个快乐幸福的孩子，而不是沉浸在自责和痛苦中。

心理学上有一个"命运脚本"的说法，信念系统是一个人"命运"的核心，它是一个人潜意识的部分，只有改变了自己的信念系统，才能改变自己的人生。

很多父母负面信念很多，说到自己的孩子的缺点时，他们会一口气罗列很多。

我的孩子赖床

我的孩子天天玩手机

我的孩子学习不好

我的孩子习惯不好

我的孩子吃饭挑食

我的孩子动手能力差

我的孩子不会和人打交道

我的孩子没有独立生活的能力

我的孩子没有艺术天赋

我的孩子不会关心别人

我的孩子情绪很暴躁

我的孩子不会跟我们沟通交流

我的孩子情商很低

……

让父母罗列孩子的优点，父母就会苦思冥想或支支吾吾地说不出几个，仅有的几个优点也可能是"天生的"，而不是孩子努力得来的："我的孩子长得还比较帅气""我的孩子唱歌好像有点天赋"……

父母拥有这样的负面信念，容易对孩子失去信心和耐心，难以培养出优秀的孩子。父母一定要改变自己的负面信念，坚定自己的孩子一定可以拥有健康、快乐、成功的人生！

让我们一起来看一些从"糟糕的孩子"变成"历史名人"的故事吧。

故事1：苏步青

苏步青幼时家境穷困，9岁上小学。县城的读书经历让这个农村孩子大开眼界，整天淘气玩耍，把学习抛在脑后。一连三个学期，在全班32人中他的成绩都排倒数第一。

地理老师陈玉峰私下鼓励他："你挺聪明，一点也不笨。只要肯努力，能考第一名！"他还给他讲了牛顿的励志故事。苏步青听得非常愧疚。

"爸爸、妈妈累死累活，省吃俭用，希望你把书念好。像你现在这样子，将来拿什么报答他们！"听到这里，苏步青流下了眼泪。从这以后，他发奋学习。他明白了，学习不仅为自己，还有父母的一份苦心。长大后，他成为中国科学院学部委员（院士）、中国数学会副理事长、复旦大学校长。

故事2：阿尔伯特·爱因斯坦

爱因斯坦3岁多时还不会讲话，9岁时讲话仍不通畅。在小学和中学阶段，他的功课很平常。他举止缓慢，不爱同人交往，老师和同学都不喜欢他。希腊文和拉丁文老师更厌恶他，曾经公开骂他："爱因斯坦，你长大后肯定不会成器。"而且，为了不让他在课堂上影响其他学生，竟想把他赶出校门。

16岁时，爱因斯坦报考了瑞士苏黎世的联邦工业大学工程系，可是入学考试却告以失败。叔叔雅各布是一个工程师，爱因斯坦常找他问数学问题，叔叔总是用很浅显通俗的语言把数学知识介绍给他，激发了爱因斯坦学习的兴趣。最后，爱因斯坦成为20世纪最伟大的科学家、著名物理学家、相对论的创立者，1921年获诺贝尔物理学奖。

故事3：冯特

青少年时期的冯特，看上去不会有半点出息，他不爱学习，没有才气，甚至可以说有些傻气。在学校里他常常走神，神情恍惚。许多年里，冯特唯一的好朋友是一个弱智男孩。

冯特读小学一年级时，父亲来学校看他，发现他心不在焉的样子，当着同学的面扇了他几耳光。老师也当众羞辱过他。

然而任何惩罚都没用，这些年他的课程仍没有及格。

又晃荡了几年，其间父亲过世，家中生活来源突然断流，他这才意识到身边的现实发生了惊人的变化，成年后，他成为著名的生理学家、心理学家，是构造心理学派创始人之一，科学心理学的创始人。

故事4：艾萨克·牛顿

12岁时，牛顿从农村小学转到城里念书，在班上成绩名次靠后，同学都瞧不起他，有些同学甚至蛮横无理地欺负他。后来牛顿开始努力学习，直到后来成为著名的数学家、物理学家、天文学家、自然哲学家，为人类社会做出巨大贡献。

阅读这些从"糟糕的孩子"变成"历史名人"的故事，就能坚信自己的孩子也能变得越来越优秀，能够成为成功、卓越的人。因为只有父母改变了负面信念，父母的语言和行为自然才能散发出神奇的力量，给孩子带来积极影响。

◆ 心中要有爱

父母心中爱的力量不足，即使掌握很多教育方法，面对孩子的问题也会管控不了自己。人不仅拥有物质资产，还有一种看不见摸不着但又非常重要的心理资产。爱的能量就是父母的一种心理资产，它是孩子成长中抵御这样或那样教育问题的定海神针。

让我们一起来做一个测试，看看父母心中爱的能量有多少，对应的自我提高的功课是什么。

请根据你自己的情况，真实地做选择（最少选择1项，可多选），没有对错之分。

1. 当你想起一位生活中最重要的人时，你感受到的是：（　　）

○非常温暖　○比较温暖　○没有感觉　○很受伤害　○感觉寒心

2. 当你想起你的父亲时，你的感受是：（　　）

○非常爱他　○比较亲切　○感觉一般　○无法亲近　○有时恨他

3. 当你想起你的母亲时，你的感受是：（　　）

○非常爱她 ○比较亲切 ○感觉一般 ○无法亲近 ○有时恨她

4. 如果让你想象自己是植物的一个部分，你希望自己是：（　　）

○花朵 ○果实 ○花蕾 ○种子 ○叶子 ○藤蔓 ○树干 ○树根

5. 你会用哪一种事物来代表你平时的经常出现的状态：（　　）

○太阳 ○月亮 ○晴天 ○雨天 ○狂风 ○湖水 ○高山 ○沙漠

6. 当你面对自己想要去爱的人时，你的感觉是：（　　）

○勇敢表达 ○害怕拒绝 ○努力付出 ○很少接受 ○会提要求 ○感觉亲密

7. 当你有受伤的感觉后，需要多长时间来恢复平衡？（　　）

○一个月以上 ○一周以上 ○一天以上 ○一个小时 ○马上恢复

8. 当你面对自己不喜欢的人时，你内心涌起的感受是：（　　）

○立刻逃走 ○不想理他 ○心情平和 ○试图交流 ○接纳理解

9. 你是否愿意对所有的人开放你的内心世界：（　　）

○非常害怕 ○有点顾忌 ○可有可无 ○要看对象 ○非常愿意

10. 此时此刻，你内心的感受是：（　　）

○非常温暖 ○有点温暖 ○感觉一般 ○有点伤感 ○非常难过

做完之后，核对后面的评分标准，并计算你的得分。

将每个题选择的答案对应的分数累积起来，然后用累积的分数除以本题选择的答案个数，就能得出每道题的分数。最后，将10道题的分数累积起来，就是最终结果。

1. 当你想起一位生活中最重要的人时，你感受到的是：（　　）

○非常温暖（2分）○比较温暖（1分）○没有感觉（0分）○很受伤害（-1分）○感觉寒心（-2分）

2.当你想起你的父亲时，你的感受是：（　　）

○非常爱他（2分）○比较亲切（1分）○感觉一般（0分）○无法亲近（-1分）○有时恨他（-2分）

3.当你想起自己的母亲时，你的感受是：（　　）

○非常爱她（2分）○比较亲切（1分）○感觉一般（0分）○无法亲近（-1分）○有时恨她（-2分）

4.如果让你想象自己是植物的一个部分，你希望自己是：（　　）

○花朵（2分）○果实（2分）○花蕾（1分）○种子（2分）○叶子（1分）○藤蔓（1分）○树干（1分）○树根（2分）

5.你会用哪一种事物来代表你平时的经常出现的状态：（　　）

○太阳（1分）○月亮（-1分）○晴天（1分）○雨天（-1分）○狂风（-1分）○湖水（1分）○高山（1分）○沙漠（-1分）

6.当你面对自己想要去爱的人时，你的感觉是：（　　）

○勇敢表达（1分）○害怕拒绝（-1分）○努力付出（1分）○很少接受（-1分）○会提要求（1分）○感觉亲密（1分）

7.当你有受伤的感觉后，需要多长时间来恢复平衡？（　　）

○一个月以上（-2分）○一周以上（-1分）○一天以上（0分）○一个小时（1分）○马上恢复（2分）

8.当你面对自己不喜欢的人时，你内心涌起的感受是：（　　）

○立刻逃走（-2分）○不想理他（-1分）○心情平和（0分）○试图交流（1分）○接纳理解（2分）

9. 你是否愿意对所有的人开放你的内心世界：（　　　）

○非常害怕（-2分）○有点顾忌（-1分）

○可有可无（0分）○要看对象（-1分）○非常愿意（2分）

10. 此时此刻，你内心的感受是：（　　　）

○非常温暖（2分）○有点温暖（1分）

○感觉一般（0分）○有点伤感（-1分）○非常难过（-2分）

得分在8分以下（含负数），父母内心爱的能量需要提高。不管是通过疗愈，还是改变自己的认知模式和情绪模式，或者努力经营好自己人生的八个板块——健康、家庭、事业、快乐、学习、人际关系、财富、自我价值，来提高爱的能量。因为爱的教育，是培养优秀的孩子的根本保障。

◆切勿把孩子当成满足父母自己的"工具"

不要把孩子当成满足自己情感需求的工具。比如，"养儿可以防老""生一个女儿是贴心的小棉袄""家里有孩子的欢声笑语自己可以享受天伦之乐"等论调本身无可厚非，但作为父母，不能仅将孩子用来满足自己的情感需求，要把焦点集中在自己身上。

不要把孩子当成满足自己成就感的工具。比如，有些父母自己不够努力、不够成功，会借助孩子的成功来弥补自己人生的缺憾。他们把焦点集中在自己身上，满足了自己成就感的需要。自己可能才三四十岁的年龄，就觉得自己的人生没有什么改变了，然后把所有的期待和精力都放在孩子身上，希望孩子能够成功。殊不知，如果给孩子的心理压力太大，孩子就会背负本不该属于自己的责任，反而更容易出现问题。

30. 父母一定要掌握的教育规律

庄子说:"以道驭术,术必成。离道之术,术必衰。"这句话很好地阐释了道和术的辩证关系。

道是规律,术是方法,只有遵循规律,方法才是有效的,违背了规律,方法不仅不可取,还可能适得其反。在亲子教育中,父母要掌握下面这些教育规律。

◆ "追求快乐,逃避痛苦"的规律

人是一切关系的核心,比如,教育就是大人和孩子之间的互动关系,婚姻是指男人和女人之间的互动关系,职场就是管理者和被管理者之间的互动关系,这些互动关系中最核心的是人,所以要先了解人性的基本法则和规律。

"追求快乐,逃避痛苦"就是一项基本的法则和规律,在家庭教育中遵循这项规律,就可以制定出很多方法,违背了这项规律,方法可能适得其反。

我的心理咨询中心接待过很多厌学孩子的案例,他们被动学习、拖延学习、逃避学习,他们觉得学习过程是痛苦的。需要帮助孩子消除学习痛苦的来源,杜绝使用批评、指责、抱怨甚至羞辱、打骂孩子的方式,否则,会让孩子的学习过程变得更加痛苦,更加厌学。

孩子是一个生命，有安全感和成就感的需求，只有努力满足孩子的这两个基本需求，才能建立良好的亲子关系，教育才能水到渠成；不能满足孩子的这两个基本需求，就会出现很多困惑和问题。

◆ **平衡规律**

阴阳平衡：系统稳定，首先要做到平衡，失衡了，就容易出现问题。在我接待的心理咨询案例中，单亲家庭的孩子出现问题的比例很高，而家庭最主要的核心成员就是爸爸和妈妈。爸爸代表阳刚的能量，妈妈代表阴柔的能量，阴阳平衡家庭系统是健康的，缺失了就容易出现问题，而最先出现问题的往往是家庭里能量状态最弱的孩子。

影响力平衡：孩子得到的正面影响力和负面影响力也要平衡。很多成绩优异的孩子出现心理的失衡，是因为被老师、父母、亲朋好友的正面影响过多，孩子太在乎他们的认同，喜欢迎合身边的每一个人，变成了外求型的孩子。

心理平衡：在教育中，"一路顺风"和"一路缺爱"两种类型的孩子，容易出现心理的失衡。"一路顺风"的孩子平时各方面表现都很优秀，在父母的保护下，从未经历过挫折和困难，慢慢形成了错误的思维认知，非常脆弱。生活中遇到困难和挫折时，会感到心理失衡，甚至发生一些自我伤害的极端事件。"一路缺爱"的孩子，得不到父母等人的爱，心灵扭曲，心理失衡，甚至发生一些伤害他人的极端事件。

◆ **成长规律**

每个人都有"生理"和"心理"两个层次，生理是看得见的不会被我们忽略，比如，孩子的身高、体重、外貌特征等，但是却有很多的父母忽略孩子的心理，比如，孩子看待事情的认知方式、孩子的情绪状态和人格品质。当孩子身体感冒了，我们会知道孩子需要去医院看医生，可是当孩子心理焦虑或者抑郁时，却容易被忽略。

有个女孩叫海霞，见到我时，她已经陷入严重的抑郁情绪，之前因为没办法上学已经在家休学一年。这一年里父母从未带她看过心理咨询师。父母认为，她不缺吃不缺穿，身体没有疾病，不上学躲在家里闷闷不乐，完全是自己在故意伪装。

在咨询室，当我跟海霞专心沟通时，妈妈不断地推门进来干扰我们沟通，并不断地接打电话。海霞说妈妈反对她来咨询，因为她认为只有精神有病的人才会来这种地方。我用心理技术帮助海霞疏导情绪，做到中途，因为妈妈的干扰不得不停止，后来就再也没有见过她了。

孩子的生理每时每刻都在成长，但是孩子的心理却因为种种原因阻碍了成长，导致生理和心理并不是同步成长的，这就为孩子的一生埋下了隐患。童年时期孩子得不到父母爱的滋养，长大成人后，就会对身边的人有很多期待，形成"索取"模式，不管是索取物质需要，还是索取关注、理解、温暖、爱等精神需求，都会让各种关系出现问题。

孩子在青春期阶段得不到父母的尊重和理解，孩子没有足够的选择权，长大后就容易形成"抱怨"模式，并不会为自己的选择承担责任。孩子在成长过程中遇到了创伤事件却没有处理，也会为成年后的生活中留下隐患。

每个父母曾经也是孩子，生理上是成年人，心理上依然需要长大，父母要学会付出而不是一味地索取，学会为自己的人生承担责任而不是一味活在抱怨里。教育是一场成年人和孩子的互动，如果生理上是成年人，但心理上还是没长大的孩子，教育就无从谈起。

这不禁让每一位父母反思：当我们是孩子时，谁曾经伤害了我们？当我们是父母时，我们曾经伤害了谁？不断成长的父母，绝不会追究自己在原生家庭的伤害，而是站在父辈的角度理解他们对自己的爱，从这些经历中学会爱自己的孩子，让伤害不再延续。

◆ **动力规律**

汽车最核心的部分是动力系统，要想让动力系统运行起来，就要加油。在教育中，要想让孩子有激情和动力，同样需要"加油"。

快乐：只有乐了才能快，要让孩子乐起来，就不能无限制地满足孩子的需要，而是满足孩子做事情的安全感和成就感。要想让孩子有动力做一件事，就要满足孩子在做这件事情过程中的安全感，以及获得的有价值的成就感。

价值感：有些事情并不能让孩子体会到快乐，却能让孩子体会到价值感，孩子也会充满动力。据航天员杨利伟的描述，在神舟五号飞船升空的过程中，有一个鲜为人知的死亡恐怖事件，即火箭与飞船产生强烈的共振，他觉得自己的五脏六腑都要被震碎了，一度以为自己要牺牲了。而这些类似的不确定因素在航天史上并不少见，在这个过程中航天员不仅无法体会到快乐的感觉，还会体验到死亡的威胁。为什么一代一代的航天员不怕牺牲、毅然飞向太空呢？因为他们觉得，自己正在做的事情对国家和社会都有价值，他们每天都有动力去训练，去面对困难和挑战。

真爱：每个人都置身于爱的海洋里，而父母之爱是所有爱的源头。父母学会理解爱、表达爱和传承爱，对孩子一生的动力至关重要。真爱是无条件的关怀和不求回报的付出，溺爱和有条件的爱都不是以孩子的成长需要为中心的，只有尊重孩子的独立性，满足孩子在不同阶段的安全感和成就感的需求，适时放手，接受并看到孩子的自我独立和自我成长，才是真正地爱孩子。真爱是送给孩子一生最好的礼物，是孩子一生快乐幸福的动力源泉。

◆ **自然规律**

自然法则是宇宙的基本法则，具有不以人的意志为转移的客观性，在教育中，我们也要遵循自然规律。

因材施教：孩子是脚，教育是鞋，教育中不能削足适履。不同的孩子，年龄、性别、个性、能力、思维等都不一样，要遵循"因材施教"的原则，对不同的孩子实施不同的教育，不能"一刀切"。

因果律：因果律是自然法则的一项基本规律，也就是"种瓜得瓜，种豆得豆"，任何一种结果必然有其原因。把这个规律应用在教育上，可以概括为三句话：孩子身上的问题是结果，父母等成年人才是问题的原因；如果结果不是你想要的，那就去改变原因；原因改变了，结果一定会改变。所以在教育上父母要遵循这个因果律，当孩子身上出现这样那样的问题结果时，先要去找到造成这个结果的原因是什么，尤其重点找到父母的教养方式的原因，只要针对这些原因制定对策，孩子身上的问题就一定会改变。如果不遵循这个规律，就会用不良的教养方式去改变孩子，最终不仅解决不了孩子的问题，反而适得其反，连亲子关系也变得很糟糕。

31. 运用潜意识的力量

在工作坊里，我会运用心理学技术将学员的潜意识打开，帮助他们找到内心深处最真实的情感和梦想，同时也在他们的潜意识里植入全新的画面和信念。在这个环节，深藏于潜意识的记忆被激活，每个人都忍不住流下了眼泪。经过数次对潜意识的改变，每个人心理状态焕然一新。

我们经常说："道理我都懂，可我就是做不到。"意思就是说，道理都是说给意识听的，只有用直接且更有力量的潜意识去沟通，才更容易行动和改变。这也是心理学能够快速帮助大家提高和改变的原因。

◆ 什么是意识和潜意识

人的心理活动，有些是能够被自己觉察到的，这种能被自己意识到的心理活动叫作意识。而一些本能冲动、被压抑的欲望或生命力，却是在不知不觉的潜在境界里发生的，因不符合社会道德或本人的理智，无法进入意识被个体所觉察。这种潜伏着的无法被觉察的心理活动，就是潜意识。

如果将意识和潜意识用海里的冰山来形容，能看到的浮出水面的部分是冰山的顶部，只占10%，而90%在海平面下的部分是我们看不到的，也是造成"泰坦尼克号"沉船的部分。用冰山来形容我们的意识和潜意识，海平面上面的部分是意识，海平面下面的部分是潜意识。而对我们日常生活影响最大的，不是意识部分，而是潜意识部分。这也说明，在教育孩子的过程中，孩子主要受到父母潜意识部分的影响。

◆潜意识里有什么

个人所有的学习、行为、改变等都是在潜意识中产生的。了解了潜意识，就能掌握潜意识的基本规律。

潜意识掌管的功能主要包括身体功能、情绪、习惯、记忆、能量、想象力等。

身体功能：多数身体功能不是由意识控制的，例如：呼吸、心跳、血液循环、眨眼睛和做梦等。

情绪：我们的情绪都在潜意识里，尤其是一些没有处理好的负面情绪会深埋其中，遇到刺激时，这些负面情绪又会呈现出来，并寻求解决。很多父母意识上明知应该心平气和地教育孩子，但无法控制对孩子的情绪，因为潜意识里潜藏的这些负面情绪，需要借助孩子的表现寻求释放。

习惯：人一旦养成了某种行为习惯，改变起来就比较困难了，因为习惯潜藏在潜意识里，不受意识的支配。

存储记忆：潜意识里储存着个人从小到大经历的所有事件的记忆，这些记忆有的具有时间性（以时间为关联的记忆）、有的没有时间性（不以时间为关联的记忆）。

◆潜意识的特点是什么

潜意识的能量巨大：一组数据显示，潜意识是意识体积的9倍；另一组数据说，潜意识的能量是意识能量的30000倍，人的潜意识有巨大的能量没有被开发。网络上出现过这样一个案例：一位妈妈接住了从高空掉落的孩子，基本上是人类的一个极限。而根据科学测量，将人导入僵直状态下，肌肉的拉力能够承担接近两吨的重量，这些奇迹的出现就是因为激发了人的内在潜能，激发了潜意识能量。

潜意识不识真假，直来直去：潜意识不会辨别想法是好是坏，是正确或不正确，只要接收了信息，一律遵照执行。但潜意识也不是傻瓜，不要试图去欺骗它，也不要违背它本身固有的保护机制。

潜意识的记忆差：只有强烈或重复刺激，才能记住，学生之所以要在课后做作业等不断强化重复，最后才能记住并存储在潜意识里，原因就在于此。

潜意识易受图像刺激：潜意识分不清是亲自经历的景象，还是自我想象产生的图像，反复输入，潜意识就会自动带你走向目标。

潜意识在放松时最容易接收信息：比如，和孩子沟通交流时，最好在心情好或放松的环境里，孩子才愿意接收父母的信息。

潜意识听不懂"不"：潜意识不能处理负面词汇，如果要跟潜意识对话，只能用积极正面的词汇来引导。对孩子说"不要啃指甲""不要拖拖拉拉""不要紧张"等带有负面的词汇，潜意识都不能处理，只能呈现出"啃指甲""拖拖拉拉""紧张"等画面或场景。所以，教育孩子的语言都要是正面积极的，尽量避免负面词汇。

◆ **如何打开潜意识**

不改变潜意识，问题就无法改变。不管是父母还是孩子，要想进入潜意识，都需要通过放松、听音乐、慢跑等方式打开潜意识。

个人处于潜意识状态时会变得相当敏锐，因为在这种状态下精神状态是专注的，他会感受到内心以及知觉体验的运作历程，而这个历程既可以用来学习，也可以用来做深层次的改变和治疗。

长时间压抑情绪得不到释放，潜意识和意识之间的沟通就会变得不顺畅。当潜意识里的信息浮现到意识层面时，意识就会产生一些理智的思考，以强烈的批判和防御态度予以拒绝。所以，意识的功能不断地说"不"，而潜意识则是说"是"。潜意识里有很多负面情绪，孩子表现出不理想的状态时，意识上就会尽量控制负面情绪，但是潜意识很诚实，最终还是无法忍住。潜意识长期无法打开，就会像是一座尘封已久的房子，里面布满了灰尘和垃圾，外界一旦出现诱发事件，就会立刻爆发。而打开潜意识的心理学技术就像润滑剂一样，可以使潜意识之门变得灵活自如。

现在越来越多的心理咨询师或培训讲师都在利用心理技术帮助来访者打开潜意识，清理负面情绪，植入正面积极的信息，从而改变他们的心理状态。

◆ **语言暗示的力量**

在亲子教育中，要善用语言暗示的力量，让孩子变得更加优秀。

暗示语言需要遵循的准则是：正面积极的语调、简单的句子、可相信的、可衡量的、使用现在式。

从现在开始，每天早上7点，我会慢跑20分钟并觉得身体健康和强壮。

正面积极的语调：这个暗示是正面的、积极的。（父母跟孩子说话时有没有情绪和语调都是负面消极的，比如命令、批评、恐吓、质疑、惩罚的语气语调？）

简单的句子：这个暗示简单而不复杂。（父母跟孩子说话时有没有句子晦涩复杂，会让孩子听起来感觉吃力并觉得非常唠叨？）

可相信的：早上7点起床并且慢跑20分钟是能够实现的。（父母跟孩子说话时有没有让孩子觉得难以实现？比如：这道题这么简单又算错了，抄写100遍！）

可衡量的：慢跑20分钟是有数据衡量的。（父母跟孩子说话时有没有缺少可衡量的数据？比如：看会儿电视就要上床睡觉了！）

使用现在式的："从现在开始"就是现在式，会让人有立刻执行的冲动。（父母跟孩子说话时有没有使用的是过去式或者未来式？比如：以后做完作业要认真检查！）

可报酬的：身体健康和强壮是慢跑获得的效果。（父母跟孩子说话时有没有说明做一件事后的效果？比如：每天都要背20个英语单词！）

◆ 放松状态下改变潜意识

让我们一起来做一次完整的潜意识放松训练。可以请身边的人帮你做下面的放松体验，经过不断的训练，就能收到意想不到的效果。

第一步：找个舒适的地方，确保周围的环境没有干扰。最好有带靠背的椅子或者沙发，能够躺下来更好。播放一段轻松的背景音乐。

第二步：闭上眼睛，全身放松，让自己或对方逐渐进入到放松专注的状态。先做深呼吸，吸气时让胸腔吸满空气；然后，闭气3秒钟；最后，轻轻吐出来，反复做几次。

第三步：将注意力放在整个身体上，想象放松的感觉从头顶开始慢慢往下，散布到全身。把注意力集中在你的头顶上，感受头皮放松的感觉。

让头皮放松的感觉慢慢往下，散布到你的额头、眉毛和眼皮上，让眼睛周围的肌肉完全放松。然后，到你的脸颊、鼻子和嘴巴，让下颚和舌头放松下来。

当你的舌头放松了，感觉头脑开始放松下来，让头脑好好休息。慢慢下到你的后脑，到两边太阳穴，感觉整个头部都完全放松。再慢慢放松到你的颈部，颈部的前面，颈部的后面。接着再往下，到肩膀，让肩膀放松，将肩膀所有的紧张都释放掉，感受肩膀放松的感觉。再继续往下到两只手臂，一直往下到手腕、手掌，到手指尖，两只手完全放松。让胸部放松。让腹部放松。让背部由上往下放松下来，一直下到腰部、臀部，再往下到大腿，到膝盖，一直到脚底。从头到脚，随着每一次呼吸，都感觉身体越来越放松。

发挥你的想象力，想象自己来到一片一望无际的碧绿青草地。你感觉双脚就踩在这片碧绿的青草地上，脚下非常柔软，就像踩在羊毛毯上。沿着这片青草地慢慢地往前走，你能听到昆虫的声音，也能听到鸟儿轻轻从头顶飞过，发出美妙的叫声。和暖的微风轻轻吹过，划过你的脸颊，划过手臂和双手，你甚至感觉到头发被微风吹动划过额头和眼角，不由自主地眯起眼睛。

找一片干净安全的地方躺下来，感觉身体和青草接触时发出的"沙沙沙"的声音，清新的空气伴随着青草的味道进入鼻腔，经由肺部传遍全身。你能看到蓝蓝的天空，几片白云缓缓地飘过，凝视白云时，进入放松专注状态。金色光线从白云缝隙照射下来，整个身体沐浴在阳光的包围中，温暖而愉悦。在草地中间有一汪清澈的湖水，湖面就像镜子一样没有一丝的波纹。

透过平静的湖水，能够看到湖底有一颗一颗的鹅卵石，一棵一棵的水草在湖底轻轻地摇摆，还能看到一条一条的小鱼在水草之间游来游去，你甚至可以看到这些小鱼的颜色。在湖的四周有一圈杨柳树，柳条垂直地悬挂在湖面上，当微风吹来时，柳条轻轻地摇摆，划过湖面，荡起一圈一圈的波纹缓缓地向湖的四周扩散过去。在湖面上有一艘小木船，想象自己就躺在这艘小木船上，随着湖水越飘越远……

第四步：输入正面积极的暗示。

在我的生命里，因为有了孩子而变得更加充实而有意义！

我相信，真爱是送给孩子最好的生命礼物！

我愿意承担责任，愿意用我的爱、我的智慧、我的能量去帮助孩子更好地成长，我一定能够成为一个合格的父母！

从现在开始，我要多鼓励和赞美孩子带给他们自信和力量！

从现在开始，我要用行动去影响孩子，因为孩子的行为不只是被教导而成的，更多的是被影响和模仿而成。

从现在开始，我要多聆听孩子的心声，聆听才是最好的沟通！

从现在开始，我要无条件地去爱孩子本来的样子！

从现在开始，我要学会蹲下来与孩子们平等地沟通，他们是值得被尊重的！

从现在开始，我要用心地去陪伴孩子，让他们感受到爱的温暖！

从现在开始，我要管理好自己的情绪，和孩子们一起安静和平地处好每个当下！

从现在开始，我要积极主动地处理好与爱人的关系，给孩子创造和谐的家庭环境！

从现在开始，我要让孩子长成他们要长成的样子，孩子是经由我们来到这个世上，要去完成他们自己的梦想和使命！

从现在开始，我要通过孩子找出自己的问题，改变自己，我是一切的根源！

从现在开始，我要成为孩子生命中最好的朋友、最亲密的伙伴、最慈爱的父母！

我相信，只要我遵循教育的规律，因材施教、因时施教，就能帮助孩子形成良好的状态！

我相信，只要改变自己的教养方式，运用民主、平等、慈爱、理解、宽容等来教育孩子，孩子就会健康快乐地成长！

我相信，只要我能够真正理解接纳孩子，那就一定可以打开孩子的内心，找到和孩子交流的密码！

我相信，只要能够使用表扬和鼓励的方法，就可以培养出一个自信的孩子！

我相信，只要运用科学的方法，就可以培养一个高智商、高情商的孩子！

我相信，只要我能够和孩子建立良好的亲子关系，就会跟孩子建立深厚的情感！

我相信，只要我自己变得越来越好，孩子就一定会越来越好！

我相信，我一定可以成为一个合格的父母！

第五步：想象未来的美好场景，看到美丽的画面中的人，听到画面里的声音，感受画面带给自己的成功快乐的感觉。将这个美丽的画面拍成一张照片，装上一个镜框，把它永远珍藏在自己的潜意识中，在以后的生活中它会带给自己源源不断的能量。

第六步：唤醒。从 5 数到 1，每数一个数字就会更加清醒，当数到 1 清醒过来时，会感觉身心放松愉悦，睁开眼睛。

附录

咨询案例——改变，只差一个转身

这是一例初中学生因为家庭关系引起的心理咨询的案例，我运用了教育的改变四步法和心理学的技术，帮助这个孩子完成了改变，并将这个心理咨询的过程完整地记录下来，父母除了可以借鉴这个解决孩子问题的方法，更重要的是从现在开始学会做一个智慧型的父母。

【个案介绍】

佳音（初中二年级学生），女，14岁。

有一天我接到了一个妈妈的求助电话，电话里妈妈很焦急，并且一边打电话一边哭。

女儿佳音14岁，上初中二年级，平时学习成绩非常优秀，还是班干部，跟老师和同学的关系都非常好，跟父母的关系也不错，父母之间也非常和谐。前两天女儿像突然变了一个人，情绪容易激动，跟爸爸妈妈的关系也出现了问题，成绩有所下滑。前天跟爸爸大吵了一架，对着爸爸大吼大叫。爸爸很生气，差点打了她，父女关系闹得很僵。孩子不跟我们说话，也不去上学了。

【咨询目标】

了解妈妈想要达成的咨询目标是得到改善亲子关系的方法，解决目前家庭的关系，让孩子回校上学。

【咨询方法】

改变四步法、心理疗法等。

【咨询过程】

第一步：理解接纳

妈妈带着孩子来到心理咨询中心，我先让妈妈到接待室里去，我要在咨询室里跟孩子单独聊一聊。她坐到咨询室的沙发上，先是打量了一下咨询室，然后就靠在沙发靠背上，抱着肩膀，眼睛看着别处，一句话也没有说。从孩子的肢体语言和表情中我感受到了孩子强烈的拒绝感，她的潜台词很显然：我不想来咨询，我没有问题，都是妈妈逼着我来的，我不想跟你沟通！

咨询一下子陷入了尴尬的气氛。对咨询师来说，在咨询中类似的场景是非常多见的，孩子没有意愿，父母急于改变孩子的情况，强硬地带孩子来咨询，甚至有些父母用哄骗孩子的方式带孩子过来。这些情况下孩子都是抵抗的，咨询效果就会大打折扣，因为孩子的心是封闭状态，他们没有求助的愿望，或者故意跟父母逆反。这就像在日常生活中我们父母经常见到的场景，孩子放学回家就自己躲在房间里，不愿意跟父母有过多的语言交流，父母主动询问或者交流时，才勉强"嗯""啊"几声来应付，再继续询问孩子就会发火。

尴尬的局面持续了很长时间，咨询还没开始就已经陷入了停滞状态。

我试图打破尴尬的气氛，给孩子倒了一杯水放在孩子面前，接着说了下面一段话："你妈妈打电话给我了，说你是一个特别优秀的孩子，她告诉我两天以前你跟爸爸之间闹了一场不愉快。我知道，当时一定是发生了什么才让你跟爸爸不得不吵了一架，这件事情的发生一定有原因，我也相信当你跟爸爸吵架的那一刻，内心一定是特别生气和难过的……"

当我说完这段话后，有一瞬间，我看到孩子把抱着肩膀的手放下了，眼泪已经在眼眶里打转。根据以往的经验，我知道那一刻孩子被理解了，她"伪装"起来的内心防御开始崩塌。

当孩子收回目光看向我，并轻轻点点头，跟我说第一句话的那一刻，我们的沟通正式开始了。

第二步：了解原因

孩子被理解接纳之后，内心逐渐打开，我们开始了接下来的沟通。

咨询师：你能告诉我当时发生了什么吗？

佳　音：我最近学习压力很大，马上就快期末考试了，我怕考不好。

咨询师：当然，我非常理解你，尤其你的成绩本来就很好。

佳　音：我也不知道为什么，总是莫名其妙地烦躁。（孩子正处于青春期。）

咨询师：还有吗？

佳　音：爸爸妈妈平时对我管得很严，我有些讨厌。

咨询师：那你能详细说一下怎么叫管得严吗？（运用了咨询中的具体化技术，目的是了解更详细的信息。）

佳　音：我觉得没有自己的个人空间。

咨询师：哦！是你没有自己单独的房间吗？

佳　音：我有自己的房间，但是就像被监控一样！（说到这里，我感觉有一股愤怒从孩子的内心冒出来，孩子的面部微微颤抖。）

咨询师：（充满好奇地等待着她继续说下去。）

佳　音：我平时学习房间的门是要开着的，我估计关着门他们就不安心。

咨询师：哦，原来是这样！你觉得这是前两天跟爸爸吵架的原因吗？

佳　音：不完全是。

咨询师：然后呢？

佳　音：我很讨厌他们总是不放心地经常偷瞄我！

咨询师：可能他们不放心，不想因为你做其他的事情耽误学习时间？

佳　音：这个我知道，可是我就是感觉很讨厌！

咨询师：是的，是因为感觉没有自由。

佳　音：有几次我故意把门关上了，我自己的房间我说了算！

咨询师：爸爸妈妈呢？

佳　音：他们竟然又悄悄把门打开了！

咨询师：嗯，看来他们还是不放心？

佳　音：我最后又把门用力关上了，并且把房门在里面反锁了！

咨询师：嗯，我知道你当时确实是很生气的。这件事就结束了是吗？

佳　音：他们确实没有再打开过我的房门，我也以为这件事就这样结束了……没想到过了一段时间，有一天我在开门时，突然发现在门把手一个隐蔽的地方竟然有两个小洞！我赶紧低下头看了一下，这两个小洞正好可以放上两只眼睛！

佳音说到这里时，我感觉她的愤怒一下子爆发了，语调提高了，两只手紧紧地攥在一起，整个面部变得通红，眼圈里又流出了眼泪。她在咨询桌上取了一张抽纸，擦了一下眼泪。

咨询师：嗯，我能理解为爸爸妈妈的这个行为让你非常愤怒，两天前的事情也许仅仅是一个导火索而已，对吗？

佳音点点头，赞同我对这件事的理解。

跟爸爸吵架的原因我已经了解清楚了，除了孩子在青春期阶段情绪容易烦躁，加上最近一段时间孩子的学习压力大，最主要的原因是她感觉父母不放权，没有尊重自己，甚至"侵犯"了自己的隐私权。孩子愤怒的情绪背后隐藏着被尊重和争取权利的需求。

有很多父母对孩子充满了焦虑和不安，在行为上就容易做出来不放权甚至不尊重孩子的行为，在咨询的案例中经常了解到，甚至有很多父母加强对孩子的"监督"，在孩子的房间里安装监控设备，孩子的一举一动都在父母的监控之中。父母的安全感得到了满足，可是孩子的安全感被打压了。

第三步：表达感受

了解了原因，就要表达事件中每个人的感受，因为每一种感受都隐藏着当事人的需求。首先要了解孩子的感受，满足孩子的需求，因为孩子是这个事件的核心。在爱的教育中，父母要先满足孩子内心的需求，以孩子的需求为出发点。整个事件中的当事人有女儿、爸爸和妈妈，因为是咨询师和孩子在沟通，所以咨询师的感受也很重要。

咨询师：我了解了这件事的原因了，我能够感受到你很生气也很难过的心情。（只要了解到了孩子的感受，背后的需求就知道了：生气的感受背后是孩子需要父母放下监督，给予权利；难过的感受背后是跟爸爸之间的父女关系遭到破坏，她需要跟爸爸修复父女关系。）

佳音低头不语。

咨询师：你能感觉一下妈妈的心情吗？

佳　音：我不太清楚。

咨询师：你可以想一下，妈妈今天没有上班，专门请假带你来看心理老师，她现在自己坐在接待室的沙发上……（如果孩子情商有待提高，猜不出别人的感受，就需要咨询师描述一个场景，帮助孩子去体会。）

佳　音：妈妈可能很担心我吧！

咨询师：是的，每一个带着孩子来咨询的父母，他们的内心都多多少少会有一些担心，他们最希望听到的是咨询师告诉他们，孩子的心理很健康。（妈妈担心的感受，背后的需求是孩子能够正常，不仅需要咨询师告知她孩子的心理很健康，更重要的是回到生活中能够看到孩子正常的情绪和行为。）

佳音认同地点点头。

咨询师：那……爸爸呢？我们可以一起来体会一下他的感受。（爸爸没有在现场，我们不需要打电话求证，只需要去用心体会即可。）

佳　音：爸爸肯定还在生气……呃，估计也跟妈妈一样，也有担心吧！

咨询师：太棒了！（咨询师也是一位爸爸，非常能够同理孩子爸爸的感受，作为女儿，跟爸爸吵架，爸爸的"权威"被挑战，感觉没有被女儿尊重，内心一定是生气的；女儿出现的这些情绪和行为，作为爸爸，内心也跟妈妈一样有所担心。那么，爸爸的需求就是挽回自己的尊严，同时听到和看到女儿一切正常。）

佳　音：……

咨询师：很好，我了解了你和爸爸妈妈的感受，也知道了每个人的需求。可是你知道吗？作为咨询师，我听到这些很难过。

佳音疑惑地看着咨询师。

咨询师：我的难过和你的难过不太一样。你难过的是跟爸爸的关系不好了，毕竟你们是父女。我的难过不少于你，我难过的是这件事发生了之后，大家没有很好地通过沟通处理这件事，这几天整个家庭都沉浸在负面的情绪氛围里。

咨询师为了保护孩子不抱怨父母的心态，没有告知孩子，作为咨询师最难过的是：现在的爸爸妈妈到底怎么了？为什么当孩子出现这样或那样的问题时，父母首先想到的不是去理解接纳孩子，去了解孩子到底遇到了什么困难，他心里的感受是什么，作为爸爸妈妈能为孩子做些什么，而是用各种方法，甚至是命令、指责、恐吓、质疑、惩罚等方式试图直接去改变孩子。

父母总是站在自己的世界里"指手画脚"，却很少换一个角度，从孩子的视角去看待问题。有一次我受邀参加一档电视栏目做心理嘉宾，这期节目是调节一个家庭的亲子关系问题。孩子离家出走，后来在另一个陌生的城市找到了孩子，他当时已经蓬头垢面，身无分文。

当时我问了妈妈一个问题，妈妈的回答让我愕然。我问："一个月前孩子离家出走，作为妈妈，你的感受是什么？"妈妈不假思索地说："我花了这么多年的心血养他到十几岁，他却离家出走了，我感觉我很失败！"当妈妈说这些话时，我为妈妈的表达感到很难过。她的关注点在自己身上，依然沉浸在自己的世界里，在孩子离家出走的那一刻，她感受不到孩子需要多大的勇气才能离开生活了几十年的熟悉的家，他为什么会离家出走，那一刻他有多惶恐不安，他独自去了一个陌生的城市，怎么吃饭，住在哪里？

妈妈在那一刻关注点没有在孩子身上，她还在关注自己的成功与失败。可见父母的情商问题是现代很多家庭里孩子问题的重要原因。

第四步：协商解决

协商解决的过程，就是满足所有当事人需求的过程。当四个人表达了自己的感受时，四个人的需求也就明确了。

咨询师：我知道这件事是因为你觉得父母管控太严，你需要父母放下监督，给你一定的自由权，对吗？

佳　音：是的，我不想要爸爸妈妈这样管我太严了，我希望他们能够放心，我自己能够管好自己了。

咨询师：嗯，我明白，你已经长大了。那我一会儿要跟妈妈单独交流，跟妈妈说清楚为什么他们要给你适当的权利和自由，也确保爸爸妈妈从此以后不再用这些方式了，可以吗？（承诺父母放下监督和给予权利，通过沟通即可满足孩子的需求。）

佳　音：嗯嗯。（感觉到孩子非常开心，她脸上露出了笑容。）

咨询师：老师知道，你现在心里还在难过，是因为跟爸爸之间的关系受到了影响。

佳　音：其实我平时跟爸爸关系很好。

咨询师：现在老师告诉你一句话：事件不会伤害人，关系才会，尤其是特殊关系。（只有放下对特殊关系的期待，将对方视为最普通的人，就会把伤害降到最低。）

佳　音：……原来是这样！

咨询师：你跟爸爸虽然是父女关系，可都是普通的人，不是吗？普通人有这样几个特点，我们一起来探讨一下吧！（通过讲解，让孩子明白爸爸和自己都是普通的人，孩子就会放下对特殊关系的期待。）

佳　音：好。

咨询师：普通人都有自己的喜怒哀乐，都有自己的情绪，所以难免会出现一些情绪的波动。爸爸和你当时都发火了，妈妈也有自己的情绪，老师也会有，对吗？

佳　音：是的。

咨询师：我们很多时候都会先满足自己的需求，父母心情不安，为了解决自己的不安，就会让你努力地学习；如果你学习压力很大，会不会因为释放压力而将烦躁的情绪传染给别人呢？

佳　音：肯定会的。

咨询师：爸爸妈妈都有自己的评判标准，比如，他们会认为作为女儿是不应该跟父母顶撞的，这是一种不尊敬的行为。女儿也有自己的评判标准，爸爸妈妈应该尊重孩子，对孩子大吼大叫是不对的。

佳　音：这也是普通人的特点吧。

咨询师：老师想告诉你，普通人还有另一个特点，就是"相互伤害，彼此原谅"。

佳　音：（孩子的肩膀颤动了一下，以经验来看，孩子的内心被触动了。）老师，我明白了……

咨询师：你明白什么了？

佳　音：我要跟爸爸说对不起！（高情商的孩子是能够感受到别人的感受，并能够满足别人的需求。孩子给爸爸道歉，爸爸被尊重的需求就会得到满足。）

咨询师：太棒了！

仅仅对孩子讲解，让孩子放下期待，只是消除了一部分关系中的伤害。我运用心理疗法帮助孩子处理了内心的创伤。

咨询师：请你靠在沙发上，闭上眼睛，让身体放松，发挥你的想象力，再回到两天以前跟爸爸吵架的情景当中去……你感受到了什么？

佳 音：我看到爸爸很愤怒的样子，听见他大声呵斥我，他从来没有这样对待过我，感觉心里特别难过……（孩子的眼泪流下来。）

咨询师：嗯，因为爸爸一直很爱你，现在爸爸的样子让你感觉很难过。你去感觉一下，这种难过的感觉出现在你身体的哪一个位置？

佳 音：在胸口。

咨询师：你会感觉胸口这个地方很不舒服，是吗？

佳 音：嗯，很堵。

咨询师：你慢慢感觉一下，这个很堵的地方是因为有什么挡在这里吗？

佳 音：是的，就像一个大石头。

咨询师：大约多大？

佳 音：（孩子用手比画了一下。）

咨询师：你能看到是什么颜色的吗？

佳 音：黑色的……哦，是灰色的。

咨询师：温度呢？

佳 音：是冷的。（我甚至感觉孩子紧裹了一下衣服。）

咨询师：你做得很好！现在我想请你发挥想象力，想象有一束光从上面洒落下来……你能看到这束很有能量的光线是什么颜色的？

佳 音：白色的。

咨询师：去想象这束很有能量的光线照射在这个冰冷、灰色的石头上……接下来我会从1数到5，每数一个数字你会感觉这束光的能量在加强，当我数到5时，这束光的能量达到最强，它会清理这块冰冷、灰色的石头……现在我让你做深呼吸，深深地吸气……很好，再闭气……吐气时会感觉将这束光清理掉的所有的负面垃圾一起呼出来……现在呢？（利用心理光照法帮助孩子清理负面的情绪垃圾。）

佳 音：感觉石头变小了，变成了白色，也不再那么冷了。

又经过5分钟的心理技术处理，孩子完全感觉不到那块石头的存在，并感觉胸口完全通畅了。我又运用其他技术，经过20分钟的处理，孩子内心的创伤得到了疗愈。

孩子的两个需求得到了满足，她非常开心，也愿意满足爸爸妈妈的需求，那就是回家以后向爸爸道歉，并且正常吃饭、睡觉、跟父母恢复正常的互动、上学。爸爸妈妈的需求也被满足了。

为了让这个孩子得到进一步的帮助，我又多为这个孩子考虑了一步。

咨询师：老师从不建议情绪往内压抑，单从情绪宣泄来说，你当时情绪往外排解是没有错的，只是在往外排解过程中产生了一个负面作用，就是损害了跟爸爸的关系。老师可以告诉你一些情绪管理的技巧，好不好？

佳 音：好。

我教给了孩子一些情绪管理的技巧，比如深呼吸的方法、改变认知的方法等，孩子非常认真地倾听着。

咨询师：你有没有发现，这两天跟爸爸妈妈之间没有沟通和交流，全家人就陷入了压抑的状态？看来沉默是无法解决问题的，情绪对抗更是让问题越来越复杂，只有学会用沟通的方式才能解决问题。（沟通不是说服对方，也不是要改变对方，沟通就是说出原因，表达彼此的感受，满足双方的需求。）

佳 音：我明白了。谢谢老师！

孩子离开咨询室前，我布置了咨询作业。

我又单独跟妈妈进行了沟通和交流，交代了后续的注意事项，也给妈妈布置了咨询作业。

一周以后跟踪随访，妈妈开心地说孩子完全恢复了正常，家庭关系也变得非常和谐，孩子跟爸爸之间的关系也没有问题了。我运用改变四步法和心理学技术改变了他们的家庭关系，达到了咨询的目标。

看似完美的个案，却给我留下了不小的遗憾。我帮助他们改善了家庭关系，让孩子回归了正常生活和学习，因为咨询过程满足了这个家庭所有人的需求，但作为咨询师，我依然担心其背后的需求没有被满足。我做了一个反思：他们回归到正常的生活中，父母就真正地改变了吗？会不会孩子回归到正常状态后，父母内心的焦虑情绪依然存在呢？会不会父母还是没有成长，依然使用以前的教养方式跟孩子互动呢？

一个不愿意沟通的孩子，是因为有一个厚厚的"自我保护装置"，今天通过咨询师的努力将这个"自我保护装置"卸掉了，父母却没有学习、改变和成长，对一个没有"自我保护装置"的孩子来说，内心是完全开放的，这会不会是一种更大的隐患呢？好父母才能培养好孩子，希望所有的父母从现在开始学习、改变和成长，为培养优秀的孩子，让我们一起努力！